अशोक वाजपेयी : चुनी हुई रचनाएँ–1

वाणी प्रकाशन

नयी दिल्ली-110002

फोन : 3273167, 3275710 ● फैक्स : 3275710

e-mail : vani_prakashan@yahoo.com

vani_prakashan@mantraonline.com

अशोक वाजपेयी

चुनी हुई रचनाएँ–1

सम्पादक

मदन सोनी

ISBN 81-7055-768-2

वाणी प्रकाशन
21-ए, दरियागंज, नयी दिल्ली-110002
द्वारा प्रकाशित

प्रथम संस्करण : 2001

मूल्य : 750.00 (दोनों खंड)

शुभम् ऑफसेट, दिल्ली-110032
द्वारा मुद्रित

ASHOK VAJPAYI : CHUNI HUI RACHNAI–1
Edited by Madan Soni

सत्य के बरक़्स सच

हम अगर पिछले चालीसेक वर्ष की कविता के सन्दर्भ में किंचित् सत्तामीमांसात्मक-सा सामान्यीकरण करते हुए ऐसे दो ध्रुवों की कल्पना करें जिनमें से एक को प्रतिबद्धता का (= यथार्थवादी) और दूसरे को अतिक्रामिता का ध्रुव कहा जा सके तो अशोक वाजपेयी की कविता की (और कुल मिलाकर उनके साहित्य-विमर्श से उभरती दृष्टि की भी) स्थिति इन ध्रुवों के सन्दर्भ में दिलचस्प ढंग से मूलगामी मध्यवर्ती की ठहरती है। ऊपरी तौर पर उसमें दोनों ही ध्रुवों के प्रति कुछ स्तरों पर आकर्षण और कुछ स्तरों पर विकर्षण या उदासीनता को लक्ष्य किया जा सकता है, पर असल में वह एक तीसरी अवस्था की संकल्पना है जो दोनों ध्रुवों के बीच किसी 'तनावपूर्ण सन्तुलन' या 'विरुद्धों के सामंजस्य' जैसी किसी चीज़ से उत्पन्न न होकर दोनों से स्वतन्त्र और स्वायत्त है। अधिक महत्त्वपूर्ण बात यह है कि वह सत्ता के प्रति एक दृष्टि होने से अधिक स्वयं एक सत्ता है : कल्पना की सत्ता में सत्ता की कल्पना।

हालाँकि हम जिन दो ध्रुवों का ज़िक्र कर रहे हैं, उनके सन्दर्भ में हमें शायद ही कोई ऐसा महत्त्वपूर्ण कवि दिखायी दे जो इन ध्रुवों को उनकी सन्तृप्ति के चरम बिन्दु तक ले जाने का उपक्रम करता हो, किन्तु ये ध्रुव इस दौर की कविता की उन्मुखता के दो प्रमुख बिन्दु कहे जा सकते हैं। इनमें भी 'प्रतिबद्ध' या यथार्थोन्मुख सत्तादृष्टि अधिक प्रभावी रही है। यूँ जिसे हम 'प्रतिबद्धता' कह रहे हैं, 'अतिक्रामिता', एक अर्थ में, उसके पीछे भी लक्ष्य की जा सकती है, और वह सिर्फ़ इस अर्थ में नहीं कि यहाँ भी आप एक दमनात्मक, अवसादजन्य राजनैतिक-सामाजिक-आर्थिक 'यथास्थिति' का अतिक्रमण करते हैं, बल्कि वह इस अतिक्रमण की प्रेरणा उस 'प्रामिज़्ड लैण्ड' की संकल्पना के अर्थ में हैं जिसके तमाम संघटक तत्वों, नियमों और साधनों के वर्तमान और यथार्थ होने के बावजूद, और बावजूद उसकी अवश्यम्भाविता के, जो कहीं भविष्य में, कल्पना में, है। फ़िलहाल वह (हमेशा ही) एक अनुपस्थिति है। इसीलिए प्रतिबद्धता अगर एक सिरे पर 'यथार्थ' या 'वर्तमान' के प्रति है, तो दूसरे, अपेक्षाकृत अधिक सम्मोहक, सम्पोषक सिरे पर इस अनुपस्थिति के प्रति है, जो इस खास अर्थ में उसे अतिक्रामी बनाती कही जा सकती है।

किन्तु तब भी इसे इस शब्द के सच्चे अर्थ में 'अतिक्रामिता' कहना सही

नहीं है, क्योंकि यह अनुपस्थिति या 'प्रॉमिज़्ड लैण्ड' अन्ततः 'लैण्ड' ही है; यह 'लैण्ड', अर्थात् पार्थिवता, भौतिकता, इन्द्रियग्राह्यता, उसकी अनिवार्य शर्त है—सिर्फ़ उसकी चरितार्थता की ही नहीं बल्कि उसकी कल्पना की भी। उसकी आस्था इन्हीं शर्तों से परिसीमित इस जगत की एकमात्रता में है—उन उपभोक्ताओं की केन्द्रीयता, प्रभुता के अधीन विनियोजित जगत की एकमात्रता में जो प्रतीतियों को ही यथार्थ मानकर इस यथार्थ से अपनी विषयिता का पोषण करते हैं। वे न इन प्रतीतियों के पार की किसी वास्तविकता में विश्वास करते हैं, न ही उन इन्द्रियों के पार की किसी वास्तविकता में, जो इन प्रतीतियों को ग्रहण करती हैं, और इसीलिए जो इस तरह की किसी सम्भावना को अटकल के स्तर पर भी स्वीकार नहीं करते कि प्रतीतियाँ (और इस तरह उनसे निर्मित जगत) और इन्द्रियाँ एक दूसरे से निर्मित भी हो सकती हैं, और इस नाते वे अपने से स्वतन्त्र किसी उभयनिष्ठ आधार की पूर्वापेक्षा करती हैं। 'कमॉडिटी' और 'अतिरिक्त मूल्य' को भेदने का दावा करने वाली यह दृष्टि इस बात को विचारणीय नहीं मानती कि 'कमॉडिटी' की सम्भावना के लिए खुला हुआ यह संसार अपने आप में एक 'कमॉडिटी' हो सकता है—एक विराट 'मदर कमॉडिटी' जिसे भेदने के लिए ऐसी दृष्टि और जगह आवश्यक होगी जो इस 'मदर कमॉडिटी' के प्रभाव-क्षेत्र से स्वायत्त हो। यह दृष्टि अधिक से अधिक 'दूसरे प्रजातन्त्र' का दावा कर सकती है—ऐसी मुक्त, सम और न्यायपूर्ण व्यवस्था का दावा जहाँ तमाम उपभोक्ताओं और प्रतीयमान वास्तविकता के बीच अविकल संचरण सम्भव हो सके, किन्तु वह, मसलन जूलियन बेण्डा के 'बुद्धिजीवी' की तरह, यह अतिक्रामी घोषणा नहीं कर सकती कि "मेरा राज्य यह जगह नहीं है"।

यह सत्ता-दृष्टि कविता को कल्पना के स्तर पर सबसे अधिक कुपोषण का शिकार बनाती है। वह उसे 'सशर्त कल्पना' या, रमेशचन्द्र शाह से शब्द लेकर कहें तो, 'पराधीन कल्पना' उपलब्ध कराती है। यह सशर्त कल्पना कविता को इस संसार के परे तो नहीं ही देखने देती, वह उसे इसी संसार की प्रकट वास्तविकता से छेड़छाड़ करने की भी गुंजाइश नहीं देती। मेज़ मेज़ की शक्ल में होती है या अपनी ही जैसी किसी दूसरी प्रतीति का प्रतीक। चीज़ें, अक्सर सूचना या विश्लेषण के रास्ते और अपने बेहतर क्षणों में संवेदन के रास्ते आती हैं। यह चीज़ों का अपना रस, अपना रूप, अपना चलन है जिसे कविता अपने रस, अलंकार और छन्द के रूप में साधती है। वह 'अलौकिक' रस या सौन्दर्य की साधना नहीं, लौकिक रस या सौन्दर्य को भाषा में 'व्यवहार्य' बनाने की, 'उपभोग' का एक और, सूक्ष्म, मानसिक अवसर उपलब्ध कराने की साधना है।

जैसा कि हमने कहा, यह सत्ता-दृष्टि पिछले चालीस पचास वर्षों में सबसे अधिक प्रभावी और लोकप्रिय रही है; यद्यपि यह इसकी, सम्भवतः सहज, विडम्बना कही जा सकती है कि अपनी प्रभविष्णुता के लिए यह दृष्टि जितनी इस दौर की

कविता की ऋणी है, स्वयं इस कविता के पास ऐसा लगभग कुछ नहीं है जिसके लिए वह इस दृष्टि के प्रति ऋणी महसूस करे। और यह इस दृष्टि के सर्वथा अनुरूप है कि कविता उसे उपजीव्य उपलब्ध कराने मात्र में खुद को कृतार्थ अनुभव करे, बजाय उससे उपजीव्य प्राप्त कर अपना 'निजी', स्वायत्त प्रभाव-क्षेत्र रचने के; वह 'एक' साधना है, साध्य नहीं।

इसके विपरीत इन्हीं पिछले चालीस पचास वर्षों की कुछ कविता से उभरती एक दूसरी सत्ता-दृष्टि भी है जिसे हम अतिक्रामिता के उसके संवेगों की ख़ास चारित्रिकला में पहचान सकते हैं। यह नहीं कि उसमें इस संसार के प्रति, उसकी रंगतों, छवियों के प्रति या कि ऐन्द्रिकता के प्रति प्रतिरोध का भाव है, बल्कि यह सब उसमें प्रतिबद्ध सत्ता-दृष्टि के मुक़ाबले अक्सर अधिक ही है, किन्तु जो चीज़ उसे इस दृष्टि से अलग करती है वह उसमें इन्हीं तमाम चीज़ों के प्रति प्रश्नहीन, निःसंशय आस्था का अभाव है। वह इन सबसे महज़ विमोहित नहीं है, बल्कि विमोहन के क्षणों में भी ऐसे परिप्रेक्ष्य की आकांक्षा भी करती है जहाँ इनकी विमोहक प्रतीति को 'प्रतीति' की तरह पहचाना जा सके, उनके अन्तरंग में झाँका जा सके, शायद उनका कोई ऐसा मर्म पाया जा सके जो उनकी प्रतीति में कभी उजागर नहीं होता रूप के प्रति आसक्ति के क्षणों में ही उसका तत्त्वान्वेषण करने वाली दृष्टि। वह संवेदन के अपेक्षाकृत स्निग्ध, चिकने, सपाट रास्ते को बुद्धि के रोड़ों से टोपोलॉजिकल बनाती है और इस तरह अवबोध तथा अभिव्यक्ति दोनों ही स्तरों पर सौन्दर्य को अपेक्षाकृत जटिल साधना के विषय के रूप में प्रस्तावित करती है। वह ऐसी चेतना पर आधारित है जिसकी प्राथमिक विषय-वस्तु वह स्वयं है—एक आत्मोन्मुख स्वचेतन चेतना जो उपभोक्ता, उपभोग्य और उपभोग की निर्मिति को उसकी पुख़्तगी और आत्मतोष से वंचित करती है। यद्यपि वह भी यह नहीं कहती कि "मेरा राज्य यह जगत नहीं है" किन्तु वह इस जगत की निरपेक्ष सत्ता पर, उसके सौन्दर्य से पर्याप्त मुग्ध होने के बावजूद अविश्वास करती है, और किसी ऐसे स्रोत के अस्तित्व को लेकर आश्वस्त प्रतीत होती है जो इस जगत का आधार और उद्देश्य है, जो इस जगत को 'सत्ता की प्रतीति' प्रदान करता है। इसे वह 'सत्य' कहती है। साहित्य, इस दृष्टि में, 'सत्य को जानने का एक रास्ता है', सिर्फ़ 'रास्ता', सिर्फ़ 'एक' रास्ता, और वह भी एक ख़तरनाक रास्ता, क्योंकि वह गल्प है जो सत्य को असत्य में बदल देता है, जैसे कि यह जगत भी 'सत्' का एक 'असत्' प्रारूप है। यह उस 'शब्द' से निर्मित रास्ता है जो 'सत्य' के साथ (जैसे कि यह 'सत्य' उस 'शब्द' के साथ) तनाव साधे रहता है। कवि, जो 'सत्य' और 'शब्द' दोनों को ही अपना "बन्धु, सखा, चिर सहचर" मानता है, दोनों के अद्वैत की कामना करता है; और चूँकि शब्द जब तक शब्द की अपनी पहचान में स्थित है, 'तना' हुआ है, कविता (या साहित्य) भी तभी तक है, अतः इस अद्वैत की प्राप्ति के साथ वह खुद-ब-खुद

लुप्त हो जाएगी; जब साध्य उत्पन्न हो जाएगा तो साधन स्वयं ही व्यर्थ हो जाएगा।

इस तरह ये दोनों ही सत्ता-दृष्टियाँ संसार के प्रति अपने-अपने नज़रिये की मूलभूत भिन्नता के बावजूद, और इस भिन्नता के नतीज़े में साहित्य के स्वरूप, स्वभाव और प्रभाव आदि विभिन्न स्तरों पर उभरने वाले महत्त्वपूर्ण भेद के बावजूद, एक उभयनिष्ठ प्रतिच्छेद बिन्दु पर मिलती प्रतीत होती हैं: दोनों ही अपनी-अपनी तरह से एक प्रदत्त, अटल, अचर, आदर्श सत्य के अस्तित्व में विश्वास करती हैं और साहित्य को उसका एक साधन मानती हैं; एक भंगुर, अस्थायी असत् साधन—इस महत्त्वपूर्ण भेद के साथ कि पहली के लिए जहाँ यह साधन, साध्य से अलग एक वस्तुनिष्ठ सत्ता है, तो दूसरी के लिए वह असल में उस साध्य सत्य की ही साधन-रूप में प्रतीति है; उस 'सत्य' का ऐसा 'पाठ-भेद' जो 'भेद' होते हुए भी अपना निवारक बोध कराने वाला भी है।

यह किंचित् लम्बी भूमिका अशोक वाजपेयी की सत्ता-दृष्टि की पहचान के लिए आवश्यक है, क्योंकि वह, जैसा कि हमने आरम्भ में संकेत किया, इन दोनों से भिन्न, सम्भवतः इनके बीच, एक स्वतन्त्र सत्ता दृष्टि है, और जिस वातावरण में वह विकसित हुई है, जिसके प्रति वह निषेधात्मक रूप से प्रतिश्रुत है, जिसके बीच वह विवादी रूप में प्रस्तुत है, जिसके सन्दर्भ में वह एक 'तीसरा रास्ता', या कभी-कभी 'तीसरा मोर्चा' है, उस वातावरण की रचना इन्हीं दृष्टियों से हुई है।

अशोक वाजपेयी की सत्ता-दृष्टि की सबसे मौलिक और प्राथमिक चरित्रिकता स्वयं 'सत्ता-दृष्टि' को समस्यात्मक बनाने की उसकी कोशिश में है। उनके यहाँ उस सत्य का ही अस्तित्व सबसे अधिक सन्देह के घेरे में है जो सम्भवतः किसी भी सत्ता-दृष्टि की अनिवार्य पूर्वापेक्षा है, जो किसी भी सत्ता का 'रेफ़रेण्ट' है। यह सन्देह यहाँ उसकी अस्वीकृति और कभी-कभी उसके प्रचारित अवतारी रूपों, अवधारणाओं और हठपूर्ण दावों के प्रति विशेष और तिरस्कार के स्तर तक पहुँच जाता है। ऊपरी तौर पर ऐसा लग सकता है कि इस निषेध का लक्ष्य स्वयं सत्य न होकर उसके वे संस्थापित, संस्थान-समर्थित रूप हैं जिन्हें पिछली सदियों में मनुष्य की नियति के रूप में प्रचारित किया गया, और जो, जैसा कि इनका इतिहास बताता है, अन्ततः सबसे अधिक आतंकदायी और मनुष्य-विरोधी साबित हुए, सबसे अधिक असत् साबित हुए। लेकिन ऐसा नहीं है कि इसकी सारी ज़िम्मेदारी वे उसके संस्थापन या संस्थान-समर्थन पर डालकर, स्वयं उसका, उसकी स्वसन्दर्भिता का, उसके 'अपने आप में होने का' बचाव करते हों। जब वे 'दर्शन का सत्य', 'राजनीति का सत्य', 'धर्म का सत्य', 'सूचना का सत्य', 'अफ़वाहों का सत्य' जैसे पदों का व्यंग्यात्मक प्रयोग करते हुए सत्य की बहुरूपता की ओर, उसके छायाभासों की ओर इशारा करते हैं, तब वे ऐसा कोई आग्रह नहीं कर रहे होते हैं कि हमें सत्य को, उस पर आरोपित इन गुणों या संस्थापनों से मुक्त करके उसे देखना

चाहिए। वह सत्य को उसकी निर्गुणता में स्वीकार करने का भी आग्रह नहीं है, क्योंकि उनका सन्देह सिर्फ़ 'क्रूरता, दमन और नरसंहार से लहूलुहान **सामाजिक सत्य'** को लेकर नहीं है, वह **'आत्मा के झिलमिल से निकले निजी सत्य'** को लेकर भी है। उनका सन्देह, असल में, सत्य के होने को लेकर है—उसकी उस 'निरपेक्षता', 'निश्चितता' को लेकर जो उसके होने की शर्त है। अशोक वाजपेयी अज्ञेय के बाद सम्भवतः अकेले लेखक हैं, जो इस प्रत्यय—'सत्य' से आविष्ट से प्रतीत होते हैं। किन्तु अज्ञेय के लिए जहाँ वह एक सोद्देश्य स्वीकार की गई चुनौती और सृजन की शर्तों पर अपरिहार्य अन्वेष्य है, अशोक वाजपेयी के लिए वह सृजनात्मक कल्पना के समक्ष मानो ऐसी प्रेतबाधा है जिसका निरन्तर निरसन ज़रूरी है। वे कहते हैं कि "साहित्य के लिए भी उसका (सत्य का) दावेदार बने रहना न तो व्यावहारिक है और न ही शायद उसके जीवत्व और महत्त्व के लिए आवश्यक ही।" लेकिन उनका निषेध उसे महज़ 'अव्यावहारिक' और 'अनावश्यक' कहने तक ही सीमित नहीं है, बल्कि वह इसके बावजूद जिस तरह बारबार उनके विमर्श में खण्डनीय रूप से ले आया जाता है, उससे उसके तात्त्विक निषेध का ही भाव ज़ाहिर होता है।

और यह निषेध सिर्फ़ 'विमर्श' तक सीमित नहीं है, वह कविता में भी है—बहुविध, अधिक अनुप्राणित, प्रत्यायक, यद्यपि विवक्षित रूप में। यह एक ऐसी दुनिया (की कल्पना) है जिसका कोई एक सुनिश्चित, अनतिक्राम्य, आदर्श, अन्तिम संकेतित नहीं है, कोई भी ऐसा वैज्ञानिक, दार्शनिक, आध्यात्मिक 'मदर रेफ़रेण्ट' जिस पर इस दुनिया के नाम-रूप अपने अर्थ के लिए, अपनी चरितार्थता के लिए निर्भर हों। इस दुनिया में एक नाम दूसरे नाम की ओर, एक रूप दूसरे रूप की ओर, संकेत करता है, किसी भी दशा में किसी ऐसे अनाम, अरूप सत्व की ओर नहीं जिसमें किसी भी नाम, रूप को निःशेष किया जा सके। इस दुनिया की 'सबसे सुन्दर और सबसे भयानक बात' उसमें 'शब्द का अर्थ शब्द ही' होना है।

'सत्य' के बरक्स वे 'सच' (या 'सचाई') को रखते हैं। और दोनों के जिस भेद को यहाँ रेखांकित करने की कोशिश है, वह महज़ तत्सम और तद्भव का भेद नहीं है, वह वैसा ही मूलगामी तात्विक भेद है जैसा मसलन अँग्रेज़ी में लिखते हुए Being और being (s) के बीच दर्शाया जाता है। इस तरह यह 'सत्य' (Truth) के बरक्स उसे लाघव प्रदान करता, निकट और आत्मीय बनाता 'सच' (Truth) है, जो हमेशा बहुल उपस्थित है—सचाइयाँ—जिसकी हर इकाई अपने में स्वतन्त्र है—"अपने नाम रूप को सहेजे हुए/किसी विराट में अपने को लीन किए बिना", उन शब्दों की तरह जो यद्यपि अपना अर्थ आप ही हैं किन्तु जो इस आपे को खोए बिना एक दूसरे के साथ मिलकर एक इबारत तैयार करते हैं, पुनः ऐसी इबारत जो अपना अर्थ आप ही है किन्तु जो अपना यह आपा खोये बिना ऐसी ही दूसरी

इबारतों के साथ मिलकर उस पुस्तक की रचना करती है जो अपना अर्थ स्वयं ही है... स्वसन्दर्भी सचाइयों का एक अन्तहीन सिलसिला। हम चाहें तो इसे रूपक के तौर पर 'बहुदेववाद' जैसा कुछ कह सकते हैं, लेकिन ऐसा बहुदेववाद जहाँ ये देवता अपनी दिव्यता के लिए, अपने होने के लिए किसी परम सत्य के ऋणी नहीं हैं। वे ऐसे किसी सत्य के व्यक्त रूप नहीं है, स्वयं को व्यक्त करती स्वतन्त्र सचाईयाँ हैं। अपनी अभिव्यक्ति में ही सचाइयाँ; एक तरह से देहगत आत्मभाव जो देह के साथ ही जन्मा है और जिसे देह के साथ ही जल जाना है। ('नहीं, सिर्फ़ देह ही नहीं जलेगी/अन्त्येष्टि में/आत्मा भी भस्म हो जाएगी')। आत्मा के अस्तित्व को स्वीकार करती हुई भी यह इससे भिन्न सत्ता-दृष्टि है जिसके फलक में, निर्मल वर्मा के शब्दों में, "एक छोर पर देवी-देवताओं का सौरमण्डल है, जहाँ बहुत से ईश्वर एक साथ चमकते हैं; वहीं दूसरे छोर पर निराकार ब्रह्म की सार्वभौम उपस्थिति है, जो अपने होने के लिए किसी विश्वास या आस्था की अपेक्षा नहीं रखती।"

अशोक वाजपेयी की सत्ता दृष्टि में सत्ता का सीमान्त, या कहें उसका चरम, 'व्यक्त' ही है (एक तरह की निरपेक्ष सगुणवाद)—वह सिर्फ़ पहले छोर पर नहीं, दूसरे छोर पर भी है। इसीलिए ऊपरी अन्तर्विरोध के बावजूद इसमें गहरी आन्तरिक संगति है कि जहाँ एक ओर वे 'सत्य' के तत्सम के बरक्स 'सच' के तद्भव का आग्रह करते हैं, वहीं स्वयं इस 'सच' को पूरी तत्सम गरिमा के साथ प्रस्तुत करते हैं। और यह प्रस्तुति सिर्फ़ उनकी शब्दावली (जो कि प्रधानतः तत्सम है) तक सीमित नहीं है बल्कि उसका विस्तार व्यक्त को, देह और देहगोचर वस्तुजगत को, नितान्त ऐन्द्रिक कार्यव्यापारों को श्रीसमृद्ध पवित्रता के भाव में देखने तक है। एक सत्य या एक अनश्वर आत्मा के निषेध का अर्थ यहाँ संसार का उपभोक्तावादी लूट के लिए उपलब्ध हो जाना नहीं है; इसके विपरीत इस निषेध की कीमत यहाँ उन अनन्त दिव्यताओं की स्वीकृति से चुकाई गई है जो संसार की हर वस्तु में उनका मर्म बनकर मौजूद हैं—उसे आविष्ट या अनुप्राणित करती हुई; निरन्तर 'एक टक घूरती' ऐसी निग़ाह जो हर कर्म और वचन की साक्षी है। इस अर्थ में यहाँ कोई भी वस्तु अपने में निरी पार्थिव नहीं है, बल्कि वह मानों इस तरह सिन्दूर में रँगी हुई है जो उससे उसकी पार्थिवता छीने बिना उसे देवता बनाती है; उसे ऐसी दुतरफ़ा (आत्म—) चेतना प्रदान करती है जिसके सहारे उस वस्तु की पार्थिवता अपनी दिव्यता को देखती है और दिव्यता अपनी पार्थिवता को।

अशोक वाजपेयी पार्थिवता को उसके चरम संघनित रूप में अग्रभूमि पर लाते हैं—बहुत आग्रहपूर्वक, कुछ-कुछ चिकित्सकीय सी कठोरता के साथ, मानों अपने अकेले उद्यम से वे समूची आधुनिक हिन्दी कविता के संकोच की यवनिका को एकबारगी हटाकर उसके अँधेरे नेपथ्य से उसे बाहर ले जाना चाहते हों। 'पृथ्वी'

और उन्मुक्त 'रति' के अभिप्राय इसी संघनित पार्थिवता के रूप हैं। दोनों ही मामलों में यह, प्रथमतः, उसका अधिभौतिकीकरण किए बिना उसे उसके अन्तर्निहित अपार्थिव लाघव के साथ गोचर बनाने की कोशिश है। लेकिन इससे अधिक वह उसे अपार्थिव शक्तियों के साथ समान अन्तर्क्रिया के रिश्ते में रचने की भी कोशिश है। मसलन वे जब 'पृथ्वी' को एक लगभग अ-मानवीय एकान्त में अपनी ही विपुल जिजीविषा में चरितार्थ सचाई के रूप में देखते हुए उसे नटखट बच्ची, चौकन्ने जानवर, बिल्ली, कीड़े, अधखाए फल, अधपके अमरूद, गहने गुरियों से सजी हुई गुड़िया, अन्तरिक्ष में लटका दी गई लालटेन जैसे बिम्बों में रचते हैं तो यह सिर्फ़ 'पृथ्वी' के प्रति नहीं, बल्कि पृथ्वी को एक तत्व के रूप में ग्रहण करती 'पार्थिवता' मात्र के प्रति भी एक मूलगामी दृष्टि है; वह पार्थिवता को उसकी एक ओर निरी भोगकेन्द्रिक रूप में पूजित, तथा दूसरी ओर जड़त्व और तमस रूप में अपरिग्रहणीय मानी जाने वाली छवियों से उबारकर एक स्पृहणीय निर्दोषिता के भाव में प्रतिष्ठित करना है। आप यहाँ एक वृक्ष को—एक लगभग जड़ मानी जाने वाली वस्तु को—पूरे आत्मगौरव के साथ, अपनी सत्ता से अन्तरिक्ष को रचता हुआ और उसे अपनी छाया भेंट करने का प्रस्ताव करता हुआ पाते हैं, यहाँ आप आकाश को पृथ्वी की ओर विस्मय से ताकता हुआ देखते हैं। पार्थिवता यहाँ दिव्यता के अधोस्तर पर नहीं है, वह नश्वरता के विरुद्ध स्वयं ईश्वर द्वारा की जा रही भक्ति (कविता) का विषय है। कुछ-कुछ ऐसी ही बात हम उस 'रति' के बारे में भी कह सकते हैं जो स्त्री देह के रूपक में पार्थिव को आत्यन्तिक रूप से लक्षित करती है और जहाँ "आत्मा शरीर का अनन्त स्वप्न देखती है"। यहाँ भी अशरीरी शक्तियाँ, विभूतियाँ, देवता, ईश्वर सभी शृंगार की प्रक्रिया में सहभागी हैं। शृंगार इन कविताओं में सिर्फ़ 'रस' होने के नाते 'अलौकिक' नहीं हैं, उसके विभाव में लौकिक और अलौकिक दोनों ही ऊर्जाओं का भाग कल्पित है—ऐसा अग्निहोम जिसमें पार्थिवता और दिव्यता दोनों अपनी-अपनी आहुतियाँ देते हैं।

ऊपर हमने जिस दुतरफ़ा चेतना का ज़िक्र किया है उसका एक और रूप है, जहाँ एक छोर पर ईश्वर, देवता, मन्त्र, प्रार्थना, मनौतियाँ, मन्दिर, फूल, अक्षत, अनन्त, आकाश मार्ग, स्वर्ग, नरक, प्रणति, पाप, पुण्य, अप्रत्याशित अनुग्रह, दैवी गवाक्ष, आत्मा, शाप, वरदान, मुक्ति, पोथियाँ, यमदूत, जन्मान्तर, पितरों का तट, विष्णु पदी, हरिचन्दन और पारिजात की देवच्छाया, पुण्यतोया, ब्रह्मरात्र, देवासुर संग्राम, देवदूत, शून्य, ब्रह्मारण्य, अग्निपताकाएँ, यमद्रुम, नैमिषारण्य, अनहद, नेति, यवक्षा नदी की तीर्थशीला, शुभानन ऋत्विक, देववृक्ष, बलि पशुओं का आर्त्तनाद, मधुसुरजा का रक्तस्नात अन्त, नीले अश्व पर आरूढ़ भव्य अवतारी पुरुष, रक्त की नदी जैसे व्यंजक हैं जो हर चौथी-छठी पंक्ति में आ उपस्थित होते हैं—उस आध्यात्मिक वातावरण की रचना करते हुए जहाँ कविताएँ अपनी भौतिक अवस्थिति से विचलित होकर

अतिक्रामिता के भाव से आविष्ट प्रतीत होती हैं; ऐसे क्षण जब दिव्यता मानो अपने इहलौकिक पार्थिव आधार को अपनी दृष्टि से रंजित कर रही होती है; वहीं उतनी ही सघनता के साथ जैसे इस वातावरण की सुरसंगति को उसके भीतर से ही भंग करते हुए इस तरह के बिम्ब भी मौजूद हैं : घात लगाए बैठा हुआ ईश्वर, होटल में खाने की मेज़ पर बैठा हुआ ईश्वर, बूढ़ा ईश्वर, ईश्वर-दूषित चेहरा, चाय की दुकान पर अखबार पलटता देवता, अज्ञातकुलशील देवता, घूरे पर चीज़ें बीनते फटेहाल बच्चे की तरह देवता, दुर्दान्त बूढ़ा देवता, ऊबे देवता की दुकान, देवताओं की दुष्टताएँ, स्वर्ग के ऐश्वर्य का आंतक, स्वर्ग की नीरसता, आत्मा का अँधेरा, भस्म होती आत्मा, आकाशगंगा में आवारागर्दी करता नक्षत्र, देवलोक में किराए से रहने की जगह...। ये दिव्यता के प्रति 'आधुनिक दृष्टिकोण' जैसी कोई चीज़ नहीं है; इनकी मंशा उसे पूछताछ के लिए तलब करने, उसे राजनैतिक-सामाजिक रिश्तों, संघर्षों के मिथकों, कूटों के रूप में पढ़ने, या उसे परिमेय, बुद्धिसंगत बनाने की नहीं है; ये बिम्बात्मक अभिव्यक्तियाँ दिव्यता को लाघव, निकटता, अभिगम्यता, आत्मीयता प्रदान करते हुए उस दूसरे क्षण की रचना करती हैं जब दिव्यता का पार्थिव आधार मुड़कर दिव्यता की ओर देखता है। पत्थर, सिन्दूर और देवता—एक दूसरे के परस्पर साक्षी इन तीनों को अपनी दृष्टि में आभ्यन्तरीकृत करने के बाद ये कविताएँ उस पत्थर के अकेलेपन को लक्ष्य करती हैं जिसे कोई नहीं देखता, 'लोग देवता को ही देखते हैं', 'फीके पड़ गये सिन्दूर के बावजूद'। दिव्यता के आवरण में अदृश्य, अलक्षित पार्थिवता का यह चरम—'पत्थर'—अकारण नहीं कि इन कविताओं में बारबार लौटता है—सिर्फ़ ऐन्द्रिक विषय के रूप में नहीं, बल्कि अतिशय विषयप्रवण इन्द्रिय-आत्म के रूप में भी—'बिना माथा झुकाये प्रार्थना करते' हुए, 'बिना पसीजे कामना करते' हुए, 'बिना शब्द कविता लिखते' हुए। वह लौटता है अनेक विकल्पों के साथ जिनमें से एक, जो उसकी 'अकिल में पत्थर पड़' जाने के बराबर है, यह भी है कि वह पत्थर के सिवा 'कुछ और होना चाहे'—फिर वह 'कुछ और' देवता होना ही क्यों न हो। ये पत्थर कविताओं में लौटते हैं और 'प्रतीक्षा करते हैं' इस प्रश्न के उत्तर की कि 'क्या लोग सिर्फ़ पत्थर की ओर लौटते हैं?'

लेकिन हम जैसे ही यह निष्कर्ष निकालने की कोशिश करते हैं कि यह पार्थिवता के आवरण में अलक्षित दिव्यता को लक्षित करने वाली सत्ता-दृष्टि के विपरीत सत्ता दृष्टि है, हम पाते हैं कि उसकी निगाह सिर्फ़ पत्थर के अकेलेपन पर नहीं है, बल्कि उस देवता पर भी है जो 'धीरे-धीरे उदास ओझल' हो रहा है। पत्थर की शर्त पर देवता, लेकिन उसी क्षण में देवता की शर्त पर पत्थर।

एक दूसरे का निषेध करती इन शर्तों के साथ, ज़ाहिर है, उस दुनिया में नहीं रहा जा सकता जिसमें पत्थर ही देवता की अनिवार्य शर्त है, ऐसी दुनिया जिसमें पत्थर के लिए देवता की क़ीमत चुकाई जा सकती है; और उस दुनिया

में तो ख़ैर नहीं ही रहा जा सकता जिसमें देवता को, या कह लें देवत्व को, पाने के लिए पत्थर का देवता में मिट जाना ज़रूरी है, और जिसमें देवता को पाने की इच्छा को लेकर स्वयं देवता की अवधारणा तक सब कुछ अन्ततः पत्थर है। इसके लिए अस्तित्व का, इन दुनियाओं से भिन्न, ऐसा रूप अनिवार्य है जहाँ इन परस्पर विरोधी शर्तों के साथ, इनके अन्तर्विरोध की रक्षा करते हुए रहा जा सके। ठीक इस बिन्दु पर अशोक वाजपेयी के लेखन में 'साहित्य' का अर्थ भिन्न और निर्णायक महत्त्व का है। हर महत्त्वपूर्ण लेखक की अपनी एक अन्तर्निहित सत्ता-दृष्टि होती है जो उसके भीतर किसी न किसी स्तर पर अस्तित्व की शर्तों को समझने, परिभाषित, प्रस्तावित, परिष्कृत करने या बदल देने में व्यक्त होती है। लेकिन जहाँ तक इस समझ, परिभाषा, प्रस्ताव, परिष्कार या बदलाव की चरितार्थता का प्रश्न है, इस चरितार्थता का गल्प रचने के बावजूद, उसकी यथार्थ निष्पत्ति के लिए हर लेखन उसी अस्तित्व की ओर निर्देश करता है जो उसके समझने आदि का विषय रहा होता है—वह अस्तित्व जिसमें उसका लेखक और पाठक रहते हैं। इस लगभग साधारण-सी बात का उल्लेख इस नाते ज़रूरी था कि अशोक वाजपेयी का लेखन, जैसा कि हमने संकेत किया, इससे भिन्न कुछ करता प्रतीत होता है। हमारे पास इस उत्प्रेक्षा के लिए पर्याप्त आधार है कि कविता उनके यहाँ अस्तित्व के जिस रूप का प्रस्ताव करती है—जिसके संकेत हमने अब तक की चर्चा में दिए हैं—उसकी चरितार्थता की सम्भावना भी वह कविता में ही देखती है। दूसरे शब्दों में वह कविता में किया गया कविता का ही एक प्रस्ताव है : एक वैकल्पिक अस्तित्व के रूप में कविता। वह अस्तित्व के जिस रूप का, घोर अन्तर्विरोधी सचाइयों के जिस सह-अस्तित्व का सपना देखती है, उसकी कोई सम्भावना, ज़ाहिर है, इस जगत में नहीं है। यह सम्भावना इस जगत में लाये जा सकने वाले सामाजिक, राजनैतिक आदि परिवर्तनों से भी परे है क्योंकि ऐसा हर परिवर्तन इस जगत के मानो उस आधारभूत नियम के सापेक्ष होने को विवश है जो कि 'विकल्प' का, इस या उस में से किसी एक को चुनने का, नियम है। इसीलिए अनस्तित्व का सहारा लिए बग़ैर इस विकल्पात्मक जगत को अतिक्रान्त करने का एक ही तरीक़ा है कि बजाए संसार को बदलने के या उसका एक यूटोपिया रचने के, होने के ढंग को ही बदलकर हुआ जाए। यह होने का बदला हुआ ढंग ही अस्तित्व का वह वैकल्पिक रूप है जिसे अशोक वाजपेयी कविता के भीतर कविता के रूप में प्रस्तावित करते हैं; एक तरह से कविता हो जाने का प्रस्ताव। कुछ-कुछ बोर्ख़ेज़ के उस स्वप्नद्रष्टा की तरह की स्थिति जो स्वप्न में ही एक अस्तित्व को जन्म देकर उसे 'यथार्थ' पर आरोपित कर देता है; और इसी तर्क से, उस स्वप्नात्मक अस्तित्व की ही भाँति इस काव्यात्मक अस्तित्व की भी यह, हम चाहें तो कहलें, विडम्बना है कि वह 'यथार्थ' से अछूता बना रहता है।

जैसा कि हमने कहा, हमारे पास इस उत्प्रेक्षा के लिए पर्याप्त आधार उपलब्ध है कि अशोक वाजपेयी की दृष्टि में कविता, या साहित्य, अस्तित्व का एक वैकल्पिक रूप है। वह तमाम सचाइयों के बीच किन्तु उनसे विशिष्ट एक ऐसी सचाई है जिसमें कोई भी सचाई अपवर्जित नहीं है; जिसमें 'सचाई की बहुलता का अद्वितीय रूप से निःसंकोच स्वीकार' है; इसी अर्थ में 'वह मनुष्य का स्थायी प्रजातन्त्र है'; उसमें अन्तहीन केन्द्र हैं; वह गल्प है, जैसे कि 'धर्म विज्ञान, इतिहास, राजनीति आदि सभी गल्प ही हैं' (जैसा कि बोर्ख़ेज़ का 'यथार्थ' स्वप्नद्रष्टा भी अन्ततः खुद को पाता है), लेकिन वह एकमात्र ऐसा गल्प है 'जो अपनी गल्पता को आत्मचेतस ढंग से जानता और मानता है'; वह गल्प है और इसी रूप में उस 'सत्य' का विकल्प है जो अपनी गल्पात्मकता के प्रति अपने अज्ञान के नाते ही खुद को सत्य की तरह प्रस्तुत करता है। उनके निबन्धों में कविता और साहित्य को लेकर ऐसी दर्जनों उक्तियाँ और अभिप्राय भरे पड़े हैं। साहित्य या कविता क्या है? कविता में क्या होता है—ये उनके प्रिय और स्थायी विषय हैं। कविता के कहीं भी, दुनिया की किसी भी भाषा में होने को लेकर उनमें विस्मय, विह्वल उत्साह, स्वागत और समारोह का भाव है। वे जब किसी कवि या कृति-विशेष पर लिखते हैं तो वह व्याख्या, विश्लेषण या आलोचना जैसा कुछ बमुश्किल ही होता है, वह उसका स्वीकार, गुणगान और उसके सहारे कविता मात्र की किसी नयी और ऐकान्तिक शक्ति की पुष्टि का उद्यम ही अधिक होता है। शायद कविता के प्रति उनकी अच्युत, नीरन्ध्र आस्था के तर्क से ही उनके इस अन्तर्विरोध को भी समझा जा सकता है कि उनकी इस मान्यता के बावजूद कि स्वयं को लेकर सच्चे और खरे संशय, आत्मालोचन, यहाँ तक कि आत्माभियोग की सबसे अधिक गुंजाइश कविता में ही होती हैं, वे स्वयं, एक आलोचक के रूप में कविता के इन क्षणों को उजागर करने या उनका निमित्त बनने में रुचि नहीं लेते। उनका साहित्य-विमर्श वस्तुतः कविता से उनके विमोहित होने के ही भिन्न क्षण हैं जो उसके प्रति उनकी सूक्तियों, सुभाषितों के अनुभाव में प्रगट होते हैं। इन सुभाषितों, सूक्तियों में किसी अभिनव सृष्टि के उद्‌भव के पहले क्षण में किए गए उसके औचक साक्षात्कार का विस्मय दिखाई देता है। 'आसन्न प्रसवा माँ के लिए तीन गीत', 'साँझः शिशु जन्म' या 'वसन्त के लिए एक कामना' जैसी उनकी आरम्भिक कविताओं में प्रसव, प्रस्फुटन, उन्मीलन के प्रति जिस विस्मय का, स्वागत का, भाव है उसका विवक्षित सन्दर्भ वस्तुतः कविता का, या एक काव्यात्मक अस्तित्व के रूप स्वयं अपना जन्म है, जो शिशु-जन्म के रूप में प्रस्तुत है। 'जन्म' के ये रूपक बाद की कविताओं में भी वापस आते हैं, क्योंकि वह हर बार 'एक ताज़ी और अभी-अभी जन्म कथा है'।

यह कविता को एक स्वायत्त सृष्टि के रूप में देखने की ही संगति में है, बल्कि शायद इस दृष्टि की अनिवार्यता है कि अशोक वाजपेयी शब्द पर अतिरंजित

रूप से एकाग्र होते हैं। यह स्वाभाविक है क्योंकि वह इस सृष्टि का जैविक आधार, उसका नाभिक, उसका केन्द्र है; सारी संघटनाएँ उसी के इर्द-गिर्द घूमती हैं,; इन संघटनाओं के लिए वह अनतिक्राम्य है क्योंकि वह उनके होने का स्रोत है। कविताओं में उसकी अनेक छवियाँ, अनेक स्मृतियाँ हैं। वह एक योनि है, वह कुछ भी कर सकने का भरोसा जगाता है, वह देवासुर संग्राम में लहूलुहान होता है, हमारे ख़िलाफ़ अरक्षणीय मुकदमे में वह हमारे पक्ष में वकालत करता है, वह हमारे अन्त के बावजूद हमारी उत्तरजीविता के साक्ष्य के रूप में बचा रहता है, वह स्थगन से परे है, वह जन्म और मृत्यु से मुक्त करता है...। स्वयं 'शब्द' नामक शब्द से अशोक वाजपेयी की कविता भरी हुई है; लगभग हर दूसरी-तीसरी कविता में वह अनिवार्यतः उपस्थित है; अक्सर अपने ही अर्थ में, अन्य उपस्थितियों के बीच एक उपस्थिति, और कभी-कभी एक उपमान। हिन्दी में वे सम्भवतः अकेले कवि हैं जिनके यहाँ यह शब्द ('शब्द') इतना व्यापक और स्वसन्दर्भी है—पदार्थ के रूप में अपनी ही ओर इंगित करता पद। और यह स्वसन्दर्भिता सिर्फ़ यहीं तक सीमित नहीं है, बल्कि वह अपनी इसी हैसियत में दूसरी सत्ताओं के समानान्तर स्वयं अपना ऐन्द्रिक संसार रचकर वे भूमिकाएँ भी निभाता है जिनके सन्दर्भ में वह अब तक एक डिस्पॅजॅबल सामग्री मात्र था। शब्द में सत्याग्रह के बरक्स इसे हम शब्द का सत्याग्रह कह सकते हैं।

इस स्वसन्दर्भी शब्द की उपस्थिति से आत्मचेतना का जो आवेश उत्पन्न होता है वह कविता के अन्यान्य अर्थों के वाहक दूसरे शब्दों को भी आवेशित करता है। इन कविताओं के शब्दों में अपने 'शब्द' होने की यह चेतना उनके चेहरे पर किंचित् दर्प का सा आभास देती ऐसी आभा में प्रगट होती है जो उन्हें उनके अपने अर्थ में पूरी तरह पर्यवसित हो जाने से बचाती है; वह मानो उनके 'होने की छाप' के रूप में, या उनकी स्मृति के रूप में, उन्हें बचाये रखती है। इस प्रतिरोध का एक अन्य तर्क शायद इस तथ्य में भी देखा जा सकता है कि वे ज़्यादातर तत्सम शब्द हैं : अपने मूल के या अपनी उस आदिम (aboriginal) अवस्था के क़रीब जहाँ शब्द और अर्थ के बीच वैसी द्वन्द्वात्मक विग्रह की स्थिति नहीं है जैसी वह शब्द की तद्भव (साभ्यतिक?) अवस्था में निर्मित हो गई प्रतीत होती है।

इसीलिए चाहे वह प्रकृति हो, चाहे रति या और कुछ, अशोक वाजपेयी जब इन पर एकाग्र होते हैं तब वे, अगर इनसे पूरी तरह स्वतन्त्र नहीं तो कम से कम इनके ब्याज से, कविता पर ही एकाग्र होते हैं—उन्हीं के रूपक के सहारे कहें तो उस मोची की तरह जो 'अपने दूसरे कामों, बातचीत, सुख, चिन्ताओं से फुरसत लेकर आया है'। 'प्रेम' का यह 'रूपक' स्वयं कविता का भी रूपक है, बशर्ते कि हम इस पर ध्यान दें कि वह जिस चीज़ को 'उसके' (= नायिका – के) हिसाब से धीरे-धीरे काटता हुआ जूते की शक्ल दे रहा है, वह कुछ और नहीं बल्कि 'आकाश' है; वह असल में कविता के नाप के हिसाब से 'शब्द' के आधार तत्त्व (=आकाश)

को धीरे-धीरे काटता हुआ 'शब्द' को गढ़ रहा है। इस दृष्टि से अशोक वाजपेयी के सारे ही रूपकों के केन्द्र में कविता है। या तो वे कवि, कविता, और उसके कारणभूत, अंगभूत तत्त्वों, अवयवों के देह, इन्द्रिय, मन, प्राण और आत्मा को उपलक्षित करते हुए रूपक हैं, या फिर स्वयं कविता ही इस संसार की विभिन्न संघटनाओं के लिए सबसे सम्यक् रूपक है। कविता अचर है। सत्य सिर्फ़ इतना है कि कविता भी झूठ ('गल्प') है और संसार भी, पर जहाँ संसार में इस सत्य की अखण्ड स्वीकृति के लिए बमुश्किल ही कोई गुंजाइश है, वहीं कविता में कविता और संसार दोनों अपने इस झूठ होने के सत्य को सहज, निःसंकोच स्वीकार करते हैं। अपने झूठ होने का सत्यः यही वह उभयनिष्ठ आधारभूत साक्ष्य है, जिसके समक्ष संसार के आधार पर कविता की उत्प्रेक्षा जितनी प्रत्यायक है उतनी ही प्रत्यायक कविता के आधार पर संसार की उत्प्रेक्षा है। कविता के भीतर कविता का या शब्द का (अतिरिक्त) आग्रह और इनके प्रतिध्वनित रूपक इसी सत्तादृष्टि के परिणाम हैं जिनका एक अतिरिक्त सौन्दर्यात्मक पक्ष यह भी है कि कविता अपनी प्रभाव-निष्पत्ति में काव्य-विमर्श के संवेगों का भी सहज उपयोग करती हुई पाठक को उसकी तन्मयता से च्युत किए बग़ैर उसके विवेक को जाग्रत करती चलती है।

कविता में प्रस्तावित इस 'काव्यात्मक अस्तित्व' के लिए अशोक वाजपेयी एक नाम देते हैं, जो उनके साहित्य-कला-विमर्श में ही नहीं, उनकी कविता में भी प्रायः आता है : 'गोधूलि'। यह प्रत्यय अस्तित्व की इस विशिष्ट अवधारण को एक तरह से देशकालगत रूप प्रदान करता है। गोधूलि यानि सन्ध्या; दो अवस्थाओं के बीच सन्धि का वह क्षण जब दोनों के बीच का भेद घुलकर एक तीसरी अवस्था में फलित होता है। हम इसे दो अवस्थाओं के बीच सा-हित्य (togetherness) की स्थिति भी कह सकते हैं। इस दृष्टि से 'गोधूलि' अस्तित्व की इस विशिष्ट अवधारणा—कविता (साहित्य)— की मैत्री में ही है। काव्यात्मक अस्तित्व यही है—'होने न होने की गोधूलि'; एक प्रलम्बित सन्ध्या जिसमें अस्तित्व पूरी तरह उजागर या ढँका हुआ होने की बजाय अपनी अनादि, विमोहक रहस्यात्मकता में प्रतीत होता है। इसे प्राप्त करने के लिए न तो जीवन-मरण के चक्र से छुटकारा पाना ज़रूरी है, न हर क्षण मृत्यु के प्रबन्धन के चेतन या अवचेतन किन्तु अनिवार्य व्यवसाय से आजीविका कमाने की ज़रूरत है। इस के लिए पात्रता जीवन और मृत्यु को उनके सा-हित्य में जीने में है, उनके बीच पद और अर्थ का परस्पर रिश्ता क़ायम करते हुए खुद को इस सम्बन्ध से लक्षित पदार्थ के रूप में जीने में। सिर्फ़ जीवन और मृत्यु ही नहीं, जीवित और मृतक (पुरखे), मनुष्य और देवता, पृथ्वी और अन्तरिक्ष, स्वर्ग और नर्क, गुण और निर्गुण, देह और आत्मा, स्त्री और पुरुष जैसे अनेक युगल हैं जो यहाँ मानो ऐसे ही परस्पर शब्दार्थ सम्बन्ध में अपेक्षित या कल्पित हैं।

इस शब्दार्थ सम्बन्ध के लक्ष्य पर होना सन्देह, अनिर्णय, अनिश्चय, दुविधा,

असंगति, वदतोव्याघात को अस्तित्व की स्पृहणीय शर्तों की तरह स्वीकार करते हुए होना है। विकल्पों के बीच वरण करते हुए, एक ही क़ीमत पर दूसरे को तजते हुए नहीं, उनकी सन्धि पर होना; अन्तर्विरोधों के शरों से बिंधे हुए, जीवन और मृत्यु के बीच मानों शाश्वत रूप से प्रलम्बित मध्यान्तर में होना...। निरन्तर आवागमन, जन्म और मृत्यु क़ा दोहराव यहाँ न केवल निवारणीय नहीं बल्कि काम्य है, क्योंकि वह इस काव्यात्मक अस्तित्व के सर्वथा अनुरूप, उसकी सहज लय गति को चिह्नित करता एक 'छान्दिक आवर्तन' है। यह एक चिन्तनात्मक अवकाश है—वह 'दिगम्बर, निहत्था क्षण', आत्माभियोग का क्षण जिसमें सारी 'भटकन' के बाद 'वापसी' होती है, जिसमें 'समय अपने लबादे उंतारता है' और अपने ही 'रक्तरंजित हाथों से जवाब माँगता है'। यह 'हमारा समय' नहीं है; यह हमारे समय की पहचान कराने वाला वह काल-परिप्रेक्ष्य है जिसमें अपने-अपने समय में स्थित अलग-अलग सदियों की मानवीय और दिव्य सत्ताएँ काल चेतना ('कितना बना है?') के एक सर्वनिष्ठ क्षण में एकत्र हैं।

यही अस्तित्व का वह विशिष्ट रूप है जो अशोक वाजपेयी की 'कविता' (या साहित्य) की अवधारणा का अभिप्रेत है। महत्त्वपूर्ण बात यह है कि अस्तित्व के इस आदर्श को सिर्फ़ कविता में ही पाया जा सकता है—उस कविता में जिसकी रचना इस आदर्श से ही सम्भव है। दूसरे शब्दों में यह आदर्श उनकी सत्तादृष्टि और काव्यदृष्टि दोनों के सन्दर्भ में इस तरह उभयनिष्ठ है कि वह उन्हें दो नहीं रहने देता; वह स्वयं एक 'गोधूलि' है जिसे हम अपने विश्लेषण के अनुरोध से 'सत्ता' और 'कविता' के द्विधा रूपों में देख रहे हैं। अन्यथा अशोक वाजपेयी के लिए कविता लिखना या उससे तदात्म होना इस जीवन के अन्यान्य कर्मों में से एक, मानसिक, कर्म में मुब्तिला होना नहीं है, वह अपने कर्मरूपों और कर्मक्षेत्रों से सम्पन्न स्वयं एक भिन्न और स्वायत्त ('अनन्यपरतन्त्र') जीवन जीना है। यह सम्भवतः दोनों के इस विलयन का ही एक प्रभाव है कि हम उनकी कविता के लक्ष्य (रेफरेण्ट) की तलाश करते चलते हैं तो वहाँ हमें कविता ही दिखायी देती है या, उन्हीं के शब्दों में, 'सभ्यता का काव्यमुख'।

—मदन सोनी

दो खण्डों में प्रकाशित संचयन के इस खण्ड में श्री अशोक वाजपेयी के अब तक प्रकाशित नौ संग्रहों से चुनी गयी कविताएँ शामिल हैं। कविताओं को उनके लेखन-क्रम से विचलित करते हुए एक भिन्न क्रम दिया गया है जिसके पीछे प्रथमतः उन्हें उनके परस्पर कालिक सम्बन्ध से बाहर जाकर, और फिर उस नये सम्बन्ध में पढ़ने का आग्रह है जो उनके प्रस्तुत क्रम में कल्पित है।

—म. सो.

अनुक्रम

एक आदिम कवि का प्रत्यावर्तन

मैं एक जीवित सभ्यता लाया हूँ, लोगो !

तुमने देखा है सड़ने लगे हैं नगर और फल
और मरे हुए हैं गेहूँ-धानों के खेत और उछाह
अर्रा कर गिरती हैं पड़ोस की दीवारें और भिन्नताएँ
टूटते हैं दरवाज़े और बूढ़े सक्रिय लोग
पड़ोस एक सड़ाँध देता धुआँ है...

मैं एक जीवित सभ्यता लिये दौड़ा आया हूँ
लोगो–

मेरा चेहरा सोनल नहीं है
(तुम उसमें लावे की झुलस देखते हो!)
और मेरी हथेलियाँ भरी हुई
मांसल गन्ध डूबी नहीं हैं
(तुम उनमें चट्टानों की परतें देखते हो!)
और मेरे होंठ नहीं हैं जलते हुए उद्दीप्त
(तुम उनमें डूबे जल-स्रोत देखते हो!)
तुममें से किसी को जब बाँहों में कसूँगा मैं
तो लोगो तुम जानोगे
कि मुझमें मांसपेशियों की उत्तेजना भी नहीं है
मुझमें नहीं हैं मांस की घाटियाँ
और तेज़ रक्त-झरने
मुझमें चट्टानें हैं सिर्फ़
हड्डियों की
लोगों, मैं इन्हीं हड्डियों की
एक जीवित सभ्यता लाया हूँ

लोगों, यह आकाश तुम्हारे कन्धों पर
वस्त्र-सा पड़ा होगा

और जहाँ नहीं हैं
वहाँ भी देखोगे तुम फूलों के अनगिनत अग्निवन
लोगो, मैं लदी हुई डालें और जीवन्त पत्तियाँ लाया हूँ
लोगो, मैं आया हूँ :

लोगो, तुम हँसे थे—धरती अन्दर काँप गयी थी

तुम रोये थे—घाटियाँ पिघल गयी थीं
तुमने गाया था—झीलों पर कुहरा घिर अ या
लोगो मैं सभ्यता का काव्यमुख लाया
ये मेरी छाती धरती की याद है
ये मेरी जाँघें घाटियों का प्रेम हैं
ये मेरी आँखें झीलों का रूप हैं
लोगो, मैं तुम्हारी आदिम हँसी हूँ
मुझमें तुम्हारा वह आँसू संगृहीत है
मेरा हृदय डूबा है
तुम्हारे उस आदिम संगीत में :
तुम्हारी आँखों में
तुम्हारे होंठों पर
तुम्हारे कण्ठों में
मैं लौट आया हूँ
मैं रक्त नहीं मांस नहीं
हड्डियाँ हूँ तुम्हारी
असंख्य जड़ ऋतुओं के गर्भ से
मैं एक पुरातन सन्तति हूँ
एक जीवित सभ्यता लाया हूँ,
लोगो, मैं आया हूँ—

लोगो, यह आभा हड्डियों का सूर्योदय है
लोगो, यह छाया हड्डियों की तितलियों का घेरा है
लोगो, यह प्रेम फूलचेहरों पर मेरी हड्डियों की छाप है
लोगो यह जीवित सभ्यता है
जो लाया हूँ
लोगो मैं आया हूँ—

1960

कवि-वक्तव्य

हम सब दुपहर के एक संगीत में
छुपे हैं—
और लोग हमें
सड़कों में, कमरों में,
ऑफिस में, पार्कों में
और होटलों में झींखती भीड़ों में
खोज रहे हैं--
हम सब एक संगीत की लय में
उसके सुरों में लिपटकर दुबके हुए चुप हैं—
और लोग हमें एक आकाश के नीचे
सूने पेड़ों और
रूखे टीलों के दृश्यों में
खोज रहे हैं—
लौटेंगे
हम
लौटेंगे हम
वह निष्कम्प ऋतुशिखा देख
वह,
जिससे ज्योतियाँ चुराकर
पत्ती-पत्ती फूल जलाता फिरता है वसन्त
लौटेंगे हम
तितलियों की तरह नये शब्द लिये
और ये लोग
यह धूप
ये सड़कें
ये दृश्य
डूब जाएँगे शाम के एक मद्धिम संगीत में
हम लौटेंगे—

1959

अनन्त में

मैं शब्द को
शब्द में फँसाकर
बनाता हूँ
नसैनी
अनन्त में।

मैं शून्य शिखर पर
चढ़कर
निर्भय निर्गुण गाता हूँ
अनन्त में।

नसैनी टूटती,
शब्द बिखरते हैं,
गान तिरोहित होता,
मैं लुप्त होता हूँ
अनन्त में।

1986

कायाकल्प

बच्चों के मुँह से निकले
निरर्थक शब्द
गुपचुप बीनकर ले जाते हैं देवता--
बहुत दूर
किसी अनन्त में
जहाँ रखते ही
वे तारों की तरह चमकते हैं।

बच्चों को याद नहीं रखते शब्द
न बचपन को।

फिर एक दिन ऊबकर अनन्त से
कुछ शैतान शब्द
भाग आते हैं वापस संसार में—
कुछ महकने लगते हैं फूल बनकर,
कुछ अमरूद, अमियाँ और जंगल-जलेबी बनकर,
कुछ बन जाते हैं
गिलहरियाँ, तितलियाँ और चिड़ियाँ।

बच्चे अचरज और लालच से उन्हें देखते हैं
और पहचान नहीं पाते कि
वे उन्हीं के हैं।
देवता बेचारे
शब्दों की तलाश में
अनन्त और संसार के बीच
भटकते हैं।

1986

गिलविक और जेनेविएव के लिए

उसके हाथों में
चिड़िया थी
चिड़िया के सामने
एक आकाश
नीला खाली अनन्त

उनपर घात लगाये
वह
एक प्राचीन कुबड़ा पत्थर था

उसके हृदय में इच्छा थी
चिड़िया को प्रतीक्षा थी
आकाश को न इच्छा थी
न प्रतीक्षा

वह था
सरल और सयाना

वह एक लड़की थी
वह एक देवता था
और दुर्घटना के पहले
यह एक कविता है

आकाश
एक दयालु पर लोभी कवि है।

1975

स्थगित नहीं होगा शब्द

स्थगित नहीं होगा शब्द–
घुप्प अँधेरे में
चकाचौंध में
बेतहाशा बारिश में
चलता रहेगा
प्रेम की तरह,
प्राचीन मन्दिर में
सदियों पहले की व्याप्त प्रार्थना की तरह–
स्थगित नहीं होगा शब्द–
मौन की ओट हो जाएगा शब्द
नीरव प्रतीक्षा करेगा शब्द
धीरज में धँसा रहेगा शब्द।

उसके देह की द्युति सा
उसके चेहरे की आभा सा
उसके नेत्रों के चकित आश्चर्य सा
अन्तरिक्ष में
सुगबुगाता रहेगा शब्द
स्थगित नहीं होगा।

1989

दीवार पर शब्द

दीवार पर कुछ लिखा था। नारा या मन्त्र या गाली, क्या फ़र्क़ पड़ता है? क्योंकि थे तो शब्द ही। कोई निजी सन्देश नहीं। बल्कि सबके लिए। लेकिन सब वहाँ से गुज़रते हुए उन्हें पढ़ते नहीं थे। कई बार तो वह खोंचेवाला भी नहीं जो उसी दीवार के सहारे बैठकर मूँगफली बेचता था। दीवार पर धूमिल होते हुए शब्द और उनसे लापरवाह गुज़रते लोग और उनके ठीक नीचे आराम से बैठा खोंचेवाला। पोथी, शिलालेख, पुस्तकों और अखबारों में रहनेवाले शब्दो को यह अटपटा, मगर, नहीं लगा। उन्हें किसी भी अवकाश में फेंक या लिख दिये जाने का अभ्यास था। वे अक्षर थे। मिटते जाते अक्षर। उनका अर्थ उनमें नहीं था जैसे कि मूँगफली के छिलके के अन्दर दाने होते हैं। उन्हें फोड़ो या चटकाओ तो अर्थ नहीं, और शब्द निकलते थे। सबसे सुन्दर और भयानक बात यही थी, उस दीवार की इबारत के सिलसिले में, कि शब्द का अर्थ शब्द ही थे। या कि हैं।

1990

शब्द

1

शब्द छूता है शब्द को
शब्द को शब्द चूमता है
दो शब्दों के बीच
सिर धरता है
एक शब्द।

शब्द को बेधता है शब्द
शब्द को भरता है शब्द
शब्द को मथता है शब्द।

शब्द नाचता है
मौन को
संक्षिप्त अनन्त में ढालते हुए।

मौन में
शब्द बोलते हैं
शान्त होते हैं।

2

ओस छूती है हरीतिमा को
चुपचाप।
पंखुरी खुलती है धूप में
अँधेरे में जड़ें
चट्टान पर दस्तक देती हैं।

वह उठती है
चुपचाप
अनन्त पर एक खिड़की खोलती है।

1986

अपनी आसन्नप्रसवा माँ के लिए तीन गीत

काँच के टुकड़े

काँच के आसमानी टुकड़े
और उनपर बिछलती सूर्य की करुणा
तुम उन सबको सहेज लेती हो
क्योंकि तुम्हारी अपनी खिड़की के
आठों काँच सुरक्षित हैं
और सूर्य की करुणा
तुम्हारे मुँड़ेरों भी
रोज़ बरस जाती है।

जीवित जल

तुम ऋतुओं को पसन्द करती हो
और आकाश में
किसी-न-किसी की प्रतीक्षा करती हो—
तुम्हारी बाँहें ऋतुओं की तरह युवा हैं
तुम्हारे कितने जीवित जल
तुम्हें घेरते ही जा रहे हैं।
और तुम हो कि फिर खड़ी हो
अलसायी, धूप-तपा मुख लिये
एक नये झरने का कलरव सुनतीं
—एक घाटी की पूरी हरी महिमा के साथ!

जन्मकथा

तुम्हारी आँखों में नयी आँखों के छोटे-छोटे दृश्य हैं,
तुम्हारे कन्धों पर नये कन्धों का
हलका-सा दबाव है–
तुम्हारे होठों पर नयी बोली की पहली चुप्पी है
और तुम्हारी उँगलियों के पास कुछ नये स्पर्श हैं
माँ, मेरी माँ,
तुम कितनी बार स्वयं से ही उग आती हो
और माँ, मेरी जन्मकथा कितनी ताज़ी
और अभी-अभी की है!

1960

माँ

खिड़की के पार
चमकतार अन्धकार
अलग-अलग विरूप चेहरों में
बँट गयी भीड़ की तरह
भयभीत करते हैं तुम्हें तारे

एक भारी ठण्डक में सहमा हुआ
तुम्हारा शरीर याद करता है
अपना निरन्तर अपमान—
तुम्हारा हृदय पश्चात्ताप बनकर
डूबने लगता है तुम्हारे शरीर की घृणा में
कि तभी तुम्हारे हाथ अचानक छू लेते हैं
बग़ल में सोये पाँचवें बच्चे का शान्त-सरल शरीर
तुम्हारी आँखों में तिर आती है जन्मकथा
और शरीर बन जाता है एक स्वप्नमय भविष्य
खिड़की के पार तारे स्वर्ग से झिलमिलाते हैं
और तुम्हारा हृदय
एक प्रार्थना-सा उनकी ओर बढ़ने लगता है :
भोर होने के बहुत पहले
तुम्हारी दैनिक भोर होती है।

लौटकर जब आऊँगा

माँ,
लौटकर जब आऊँगा
क्या लाऊँगा?
यात्रा के बाद की थकान,
सूटकेस में घर-भर के लिए कपड़े,
मिठाइयाँ, खिलौने,
बड़ी होती बहनों के लिए
अन्दाज़ से नयी फ़ैशन की चप्पलें?
या रक्त की एक नयी सिद्धि
और गढ़ी हुई वीरगाथाएँ?

क्या मैं आकर कहूँगा
मैंने दिन काटे हैं—एक समृद्ध आदमी की तरह
अपने परदे-ढँके कमरे की खिड़की से
मकानों की काई-रची दीवारों पर
निर्विकार आती सुबह देखते हुए?

या क्षुद्रताओं की रक्षा में
निर्जन द्वीप-समूहों में
समुद्र से अकेले लड़ते हुए?

क्या मैं बताऊँगा
कि मैं आया हूँ
अँधेरी गुफाओं में से
जहाँ भूखी क़तारें
रह-रहकर चिल्लाती हैं
गिद्धों और चीलों की चीत्कारों के बीच
माँ, तुम्हारा प्रिय शोकगीत

'रघुपति राघव राजाराम.....'?

क्या मैं तुमसे कहूँगा
खुश हो माँ, अन्त आ गया है
—जिसकी तुम्हें प्रतीक्षा थी
क्योंकि मैंने देखा है
नीले अश्व पर आरूढ़
भव्य अवतारी पुरुष को?

या मैं सिर्फ़ एक क़िस्सा सुना पाऊँगा
नीले घोड़े पर सवार एक पिचके निर्वीर्य चेहरे वाले
आदमी की मौत का
एक छोटे-से गाँव में?

या तुम्हारी तीखी नज़र को बचाते हुए
दूसरे खिलौनों के साथ
अपने छोटे भाई को दूँगा
एक काठ का नीला घुड़सवार?

—क्या मैं लौटूँगा
अपनी निर्जल आँखों में अपमान भरे
जो अब हर रास्ते पर छाया है
आकाश की तरह
और तब,
क्या तब तुम पहली बार पहचानोगी
मेरे चेहरे में छुपा
अपना ही ईश्वरदूषित चेहरा?

माँ,
लौटकर जब आऊँगा
क्या लाऊँगा?

इन्हीं दिनों

पिछले वर्ष इन्हीं दिनों

उसने चुपचाप
अपनी पीड़ा में
अन्त की ओर आखिरकार जाने की
तैयारी शुरू की होगी

ईश्वर जीवन भर उसे कुतरने के बाद
इन्हीं दिनों अपने आखिरी कौर की
उत्सुक प्रतीक्षा में
घात लगाकर बैठा होगा

रक्त की नदी में
इन्हीं दिनों
अपनी सूखी रेत में उभरती चट्टान को
अनुल्लंघ्य पाया होगा

इन्हीं दिनों पिता ने उस पार से
उसे खाना परोसने के लिए आवाज़ दी होगी
नहाकर लौटने के बाद

इन्हीं दिनों
उसने हिम्मत कर
एक बार उठकर
हवा से हवा, आकाश से आकाश, मिट्टी से मिट्टी
अलग कर

अपनी पैतृक हड्डियों को फेंकने का तय किया होगा
उस कुत्ते की ओर
जो ज़िन्दगी की तरह उम्मीद से
और मौत की तरह चालाक लालच से
उसकी ओर देखता रहा था

इन्हीं दिनों

1978

मौत की ट्रेन में दिदिया

ट्रेन के बरामदे में खड़े लोग
बाहर की ओर देखते हैं पर न तो जल्दी ही
उतरने और न ही कहीं अन्दर
बैठने की जगह पाने की उम्मीद में

बिना उम्मीद के इस सफ़र में
दिदिया भी कहीं होगी दुबकी बैठी
या ऐसे ही कोने में कहीं खड़ी
और पता नहीं उसने काका की खोज की भी या नहीं
दोनों अब इसी ट्रेन में हैं जो बिना कहीं रुके
न जाने किस ओर चली जा रही है हहराती हुई

कहीं सीट पर
बरसों पहले आयी कुछ महीनों की बहन भी है
जिसका चेहरा भी याद नहीं और बड़ी सफ़ेद दाढ़ीवाले
मन्त्र बुदबुदाते बाबा भी

न कोई नाम है न संख्या न रंग
सब एक दूसरे से बेखबर हैं और बेसामान
न ट्रेन के रुकने का इन्तज़ार है न किसी के आने का

नीचे घास पर और आँगन में छुकछुक गाड़ी का खेल खेलते
जूनू डुल्लो दूबी चिंकू
उस ट्रेन की किसी खिड़की से
दिदिया को पता नहीं दीख पड़ते हैं या नहीं?

1978

अमर मेरी काया

उसका भोला मन
अपनी काया की अमरता न जानता था
और न ही उसे
किसी निर्गुनिया की तरह
गा सकता था।

एक पटे हुए कुएँ पर
हाथ मलती पाँच पनिहारिनों से
उसने पानी नहीं माँगा
अपनी सूखती क्यारियों के लिए।

उसने बालू की भीत
और पवन के खम्भे पर टिके
अपने घर के ढहने पर
कोई अचम्भा नहीं किया।

उसने दस्तक होने पर
दरवाज़ा खोला
और रामायण के पाठ को बीच में ही छोड़कर
चली गयी
जैसे बच्चों के लिए दूध गरम करने।

वहाँ मृत्यु के चिकने-चुपड़े भवन में
क्या वह एक नीरव स्त्री
गाती होगी काया की अमरता गान
या वहाँ भी चुप बैठी होगी
गरम दूध से भरा गिलास लिये?
1978

धुँधली तसवीर

माँ की तसवीर
जो बैठकखाने में रखे रैक में रखी है
धुँधली होती जाती है :
अभी शाम को एक क्रोएशियन कवि
एक वरिष्ठ कवयित्री की तसवीर देखकर कह रहा था—
ज़िन्दगी कैसे हमें नष्ट करती है!
माँ को मरे अब बीस बरस होने आए
और कई बार सोचता हूँ तो लगता है कि
अब मुझमें ऐसा बचा ही क्या है जो उनका बेटा कहाऊँ!

माँ ने अपने लाड़ से मुझे थोड़ा-बहुत बिगाड़ा भले हो
लेकिन बरबाद तो नहीं किया।
उसकी तसवीर धुँधली होती जाती है रैक पर
पर क्या मेरी शिराओं के बहते रक्त में,
मेरे विलम्बित सपनों में,
किसी का बुरा सोचने की मेरी झिझक में
वही मातृछबि नहीं दमकती?

विफलता के बेराहत ओसारे में बैठा मैं जानता हूँ
मैंने शायद तहस-नहस कर दिया अपने जीने के आशय को,
मैं हाशिए पर बैठा हुआ
उदास मन देखता हूँ
एक चकाचौंध दृश्य को
जिसमें मेरे लिए कोई जगह नहीं।
मैं हार नहीं मानता हूँ
हालाँकि मैं जानता हूँ कि अन्ततः मेरी जीत नहीं हो सकती।
कभी-कभी मुझे लगता है कि मुझमें बाक़ी है
हारकर भी लड़ाई जारी रखने की ज़िद

जो मेरी माँ की आदत थी।

अपनी अधेड़ आँखों से मैं देख पाता हूँ
अपनी धुँधलाती तसवीर से परे
माँ की अजेयता
जो अगर उसे बताई जाती तो
वह बेहद हैरान होती।

धुँधली होती जाती है तसवीर—
एक ज़िद, एक आदत की तरह कड़ियल
माँ है
तसवीर से बाहर,
तसवीर से परे
बची हुई
मुझमें।

1997

दिवंगत माँ के नाम पत्र

व्यर्थ के कामकाज में उलझे होने से देर हो गयी थी
और मैं अन्तिम क्षण तुम्हारे पास नहीं पहुँच पाया था,
तुम्हें पता नहीं उस क्षण सब कुछ से विदा लेते
मुझ अनुपस्थित से भी विदा लेना याद रहा था या नहीं।
जीवन ने बहुत अपमान दिया था पर कैंसर से मृत्यु ने भी
पता नहीं क्यों तुम्हारी लाज नहीं रखी थी?
अपना अपमान और अपने हम लोगों के लिए मोह को साथ लिये
क्या तुम अभी भी उस देश में भटकती हो?
यहाँ ईश्वर के घर में उसके किसी सन्त के सुनसान में बैठा
मैं अपनी असह्य अपवित्रता से सोचता हूँ
कि क्या वहाँ अपमान का चेहरा बदल जाता है :
वह बह जाता है कलुष की तरह या
घनीभूत होकर जड़ जाता है अस्तित्व पर?

यहाँ एक छोटा सा मुहल्ला है
जहाँ लोग एक-दूसरे की मदद करते हैं;
दूध में असावधानी से आता है उफान,
मन भर नमक पड़ता है सब्ज़ी में,
लोग भोजन के पहले ईश्वर को धन्यवाद देते हैं,
पवित्र पुस्तक को हाथ लगाते हैं,
अपने कुत्तों को सुबह-शाम बाहर घुमाने ले जाते हैं,
यहाँ तुम नहीं हो : यह परदेश है
पर लगता है कि वही गोपालगंज है बकौलीकठचन्दनवाला
और यहाँ का कुआँ हमारे घर के अन्दर है
जिसके पास हम सब नहाते थे
यों तो पानी से पर तुम्हारे सजल लाड़-दुलार से–

तुम्हारे बाद ही वह किराये का मकान खाली कर देना पड़ा

और वह मुहल्ला हमसे हमेशा के लिए छूट गया :
उसके लोग उसकी गन्ध उसके अँधेरे-उजाले
सब जाते रहे,
साथ ही हम सबका लड़कपन-बचपन तुम्हारा जीवन,
हमारे बड़े होने पर झरता तुम्हारा हरसिंगार,
लम्बे काका के साथ कई किलो थोक सब्ज़ी ढोना,
सुबह-सुबह बाज़ार और कभी-कभी गुस्से में
काका के भोजन की थाली का झन्नाकर गिरना,
पूरे घर का भयभीत होना और फिर तुम्हारे चेहरे की तरह शान्त हो जाना :
सब चला गया
और अब बिल्कुल कहीं और
इस मठ के प्राचीन आँगन में
रत्ती-रत्ती लौटता है,
जैसे यहाँ घटा हो
पच्चीस-तीस बरसों पहले नहीं,
कई शताब्दियों पहले।

यहाँ की गली में मुझे तुम दीखती हो
वृन्दावन मन्दिर से ़लौटती हुई
या कि नलिनी जयवन्त की कोई फ़िल्म देखकर;
अभी रुकेगा ताँगा और उससे उतरेंगे मेहमान,
तुमने अन्दर कहीं न जाने-कहाँ उनके लिए चाय चढ़ा दी है
और तुम मुझे दौड़कर सामने नाना के यहाँ से कुछ खुरमा नमकीन लाने को कह रही हो।
यहाँ ईश्वर की इस सख़्त अभेद्य सी प्राचीर में कहाँ से खुल जाता है
तुम्हारा भण्डार और पूजाघर
जहाँ अनाजों दालों आदि के भरे कनस्तरों के पास एक आले में लटके हैं तुम्हारे भगवान
और सामने रामचरितमानस की पुरानी पड़ती प्रति,
कुछ फूल और चावल के दाने,
खड़ी बोली के जन्म के कई सदियों पहले
तुम्हारा प्रार्थना की तरह गुनगुनाना
यहाँ के भय में गूँज रहा है,

यहाँ की पितृलय में अवतरित हो रहा है तुम्हारा मातृसमय :
एक बूढ़े मठ में अकेला बैठा मैं एक अधेड़ कवि,
तुम्हारा बड़ा बेटा,
जिसकी अधेड़ आयु में तुम्हारी आयु जुड़ रही है,
जिसके समय में तुम्हारा समय
रक्त में तुम्हारा उत्ताप,
जिसकी आत्मा के अँधेरे में तुम्हारा वत्सल उजाला :
यह पवित्रता जो मुझे बलात् झुका रही है,
यह निर्जनता जो अन्तर्ध्वनित है वन्दना से,
यह अपने आप में सम्पुञ्जित होकर एक पुष्प की तरह समर्पण,
यह दूर पहाड़ियों तक पूजाघर की घण्टियों का नाद,
मैं इस सबको तुम्हारा नाम देता हूँ दिदिया—

अनन्त में जहाँ तुम हो,
पितरों के जनाकीर्ण पड़ोस में
वहीं अपने ढीले पैण्ट को सम्हालता
मैं भी हूँ गुड्डन,
जैसे यहाँ इस असम्भव सुनसान में तुम हो
इस कविता, इन शब्दों, इस याद की तरह
दिदिया.......

1994

पुत्र जन्म

काग़ज़ों और क़ायदों की
सनसनीखेज गली से
ऊबे और नाराज़ चेहरों के बीच से
हाँफता हुआ आकर
जब मैं रुका
तो मैंने देखा
सामने विजय से भरी और परिपूर्ण
वह एक बेहोश स्त्री थी
प्रतीक्षा के एक लम्बे झिलमिल सिलसिले के बाद
एक झरने की तरह द्रवित होती हुई।

सफ़ेद पवित्रता में लिपटा हुआ
अब सब कुछ शान्त था
पीड़ा की शारीरिक परिक्रमा के बाद
और पवित्रता की गोद में दुबका हुआ
अचरज जैसा सुकुमार वह था।

दोनों के बीच
सम्भावना का काँपता हुआ
नीला उजास था।

1963

अपने नवजात पोते के लिए एक स्वागत-गीत

1

दिल्ली में धुन्ध बढ़ने के थोड़ा पहले
घबराहट-भरी उत्सुक प्रतीक्षा के धुँधलके में
जब हम कुछ थके-हारे थे, हालाँकि सुबह की ठण्ड में धूप खिली थी,
तब वह आया
तब जब मैं सोच रहा था कि वह आएगी!
शोर-भरी अस्पताल की गन्दी-फूहड़ दुनिया में रोने की एक आवाज़
जैसे ईश्वर ने हलके से आवाज़ देकर
अपना द्वार एक बार फिर खोला :
एक नक्षत्र ने कहा कि चलो
फिर पृथ्वी से धूल-धक्खड़ में,
समय के कीचड़ में,
होने-न-होने की मिट्टी में सना-खेला जाए।
छोटे भाई रज्जन ने कहा कि
पूछ तो लो, कहीं दिदिया या काका ही तो वापस नहीं आ गए हैं।
मुश्किल था सोचना कि आस-पास देवता और पूर्वज मँडरा रहे होंगे
लेकिन यह तय था कि उनके आशीर्पुष्पों की रंगबिरंगी जगमगाहट
हवा में थी।
फिर एक रुदन, फिर एक किलकारी, फिर एक आहट,
फिर एक शब्द, फिर एक नाम, फिर एक संख्या,
फिर एक शुभारम्भ।
संसार का सबसे बड़ा अचरज
सारे आकाश और समय को लपेटे हुए,
सारी द्युतियों को नन्ही मुट्ठी में दबाए हुए,
एक घरेलू गठरी में
पुराने कपड़ों की–
तिनके-तिनके में एक और तिनका,

कविता के अन्तरिक्ष में एक और शब्द,
यज्ञ में समिधा देने एक और हाथ।

2

उसके लिए हमने तैयारी की थी;
कमरा, कपड़े और अन्य सामग्री जुटाई थी;
लेकिन हमारे पास थी अपनी दाग़दार चादर,
मैली-कुचैली दुनिया,
पाप-पुण्य और हज़ार चीज़ों के अटाले से भरा घर,
भीड़-भरा गँधाता सरकारी अस्पताल,
अधेड़ लेकिन ज़िद पर अड़ी बेतरतीब सी हो गई ज़िन्दगी।
फिर भी इस सबमें
सम्भावना थी, जगह थी एक जन्म के लिए।

वृक्षों को आई होगी कँपकँपी,
वनस्पतियों में हुई होगी कुलबुलाहट और
उनकी शिराओं में तेज़ी से दौड़ा होगा रसायन,
पक्षियों ने बुना होगा तीलियों और चिंदियों से कहीं एक घोंसला,
शब्दों ने अपने मौन में आतुर पुकारा होगा,
खिलौनों की दूकान में एक भालू ने एक कुत्ते को बगल में ठेलकर
देखा होगा कि उधर से कौन आ रहा है—
देवताओं ने अपनी आरती में थोड़ा सा घी और डाला होगा ताकि
उस समय वह तेज़ और निष्कंप होः
एक बहुत पुराने पुरखे ने कहा होगा दूसरों से कि ज़रा सीधे बैठें
ताकि उन्हें वह साफ़-साफ़ दीख सके
और वे कह सकें कि वह किस पर गया है।

जैसे जाना लगातार है
वैसे ही आना भी;
जो जा रहा था तभी
उसे शायद ही पता हो कि वह आ रहा है।

पर जब वह आया
तो सब जाना पल भर के लिए थम गया
हम जैसे उस यति में ही अमर हुए।

3

यह क्या है जो हममें जुड़ गया है?
यह क्या है जो हम अब तक नहीं जानते थे
लेकिन अब जो हमारा है, हममें है,
हम जिसके इर्द-गिर्द मँडराते हैं?
यह कौन है जो मुस्कराता है नींद में भी
तो पूरा घर एक फूल की तरह खिल जाता है?
यह किसके रोने की आवाज़
आधी रात के ठण्डे अँधेरे में
सुनकर लगता है कि
अन्तरिक्ष में कोई तारा विलप रहा है?

यह क्या है किसी देवालय में देवता जैसा
जिसे देखे बिना अब दिन शुरू नहीं होता;
जिसे प्यार किए बिना दोपहर ढलती नहीं;
जिसकी देवनिद्रा में मुस्कान देखे बिना
होती नहीं है रात की शुरुआत;
जिसकी आँखों की चमक बिना अब घर में कुछ भी जगमगाता नहीं?

प्रायः अखण्ड नींद सोने वाले की आँख भी रात में कई बार खुलती है,
कभी रोने की आवाज़ से कभी यों ही आशंका से
और उसके कमरे तक दबे पाँव जाकर देख आते हैं
कि वह सो या रो रहा है—

उसने घर का समय और मौसम बदल दिया है :
वह जागता है तो सुबह होती है,
लगभग शाम होने पर हो पाता है दोपहर का भोजन और
आधी रात के कुछ पहले रात का खाना।

रात भर उसे बारी-बारी से देखने आते रहते हैं
अदृश्य पुरखे
पता नहीं कौन-कौन से देवता,
उसके कमरे में संसार एक गर्माहट भरी गुफा बनकर बस गया है।

लगता है बाहर जो ओस झर रही है
देवशिशु की आँखों से झर रहा आँसू है।

4

राजापुर-गढ़ेवा में अपनी भण्डरिया से कुछ सूख सा गया पेड़ा निकालकर
सबको बाँट रही हैं आजी;
उधर 44 गोपालगंज में जल्दी से घर के ही कुएँ पर नहाकर
गुलगुले बना रही हैं दिदिया;
अम्मा चिल्ला रही हैं कि मुहूर्त आ गया और
अभी आरती की थाली नहीं सजी है;
टी-14 मुखर्जी कोर्ट सेण्ट स्टीफेंस में, कमरे में मेरे घुसने के पहले
कोई और घुस गया है;
वहाँ डी-8 चौहत्तर बँगले में हर कोना धूप में जगमगा रहा है :

सब आ रहे हैं
हवा में अदृश्य तैरते
समय को लपेटे हुए,
काल में घिरे वे सब आ रहे हैं—
वे घेर कर खड़े हैं उस उजली-दमकती रेखा को
जो अभी-अभी अटपटे पदाघातों से खिंच गई है
लेकिन पगडण्डी नहीं बनी है
जिस पर वह आया है;
मिट्टी की गन्ध लिये ताज़े धोए दीये सा
सुबह देर तक चमकने वाले तारे सा
कविता में आ गए कोष के बाहर के शब्द सा
धूप सा चाँदनी सा ओस सा
रोशनी सा रंग सा

वर्णमाला के अभी तक न लिखे गए अक्षर सा—

मैं फिर अपनी अधेड़ आँखों से देख रहा हूँ कि
सब कुछ निरन्तर है—
कि अटूट है जीना
कि हम मरते या मिटते कहाँ हैं?
कि हम होते चलते हैं बार-बार
और फिर भी ऐसे कि पहली ही बार—
और इस बार तो जैसे सचमुच पहली बार!

1999

दौआ बाबा

राजापुर गढ़ेवा में अभी भी शायद बूढ़ों को उनकी याद हो। वे एक लँगड़े किसान थे। लँगड़े बाद में हुए, किसान पहले से थे। रेल में चढ़ते पैर फँस गया था सो लँगड़े हो गये थे। लाठी टेकते हुए चलते थे। खेत जाते थे, ढोर-डंगर देखते थे और बहुत अच्छी ढोलक बजाते और गाते थे। अकसर भजन और अन्य पद्य। गाँव में होली जलती थी। सन की पूलें बाँधकर सब लोग होली में "अलैया बलैया सरसों के पाँड़े जाय" कहकर डालते थे, आहुति की तरह। दौआ बाबा भी। फिर अगले दिन गाँव भर के लोग होली खेलते और मण्डली बनाकर गाँव के सब टोलों में घूमते। नायक होते गले में ढोल लटकाये दौआ बाबा। फिर न जाने कब वे ढोल बजाकर नाचने का निश्चय करते। तभी उनके हाथ से लाठी छूट जाती। वे उसे किसी और को थमा देते और लँगड़े होने के बावजूद बिना किसी सहारे के ढोल बजाते हुए नाचने लगते। नाच-नाच में उनकी पैर की लम्बाई बढ़ जाती। वे पूरे हो जाते और नाचते रहते : होली में पूर्णांग होते दौआ बाबा। इस अचरज को अपने सामने होते सब देखते और देवताओं का आभार मानते। कोई नहीं जान पाता कि वर्ष में एक बार पूरे हो जाने के लिए दौआ बाबा वर्ष भर पूर्णता की इच्छा को कैसे जिलाये रखते थे। पूरी इच्छा होती है, पैर नहीं। भले ही दौआ बाबा का ही क्यों न हो। कभी-कभी इच्छा को हम देवता कहकर भी पुकारते हैं।

1990

अधपके अमरूद की तरह पृथ्वी

खरगोश अँधेरे में
धीरे-धीरे कुतर रहे हैं पृथ्वी।

पृथ्वी को ढोकर
धीरे-धीरे ले जा रही हैं चींटियाँ।

अपने डंक पर साधे हुए पृथ्वी को
आगे बढ़ते जा रहे हैं बिच्छू।

एक अधपके अमरूद की तरह
तोड़कर पृथ्वी को
हाथ में लिये है
मेरी बेटी।

अँधेरे और उजाले में
सदियों से
अपना ठौर खोज रही है पृथ्वी।

1985

तोतों से बची पृथ्वी

तोतों के रास्ते पर पड़ता है हमारा घर
जिस रास्ते वे जंगल जाते
और वहाँ से लौटते हैं
उस रास्ते पर।

अनगिन तोतों की हरी लकीरें
आती-जाती हैं हमारे ऊपर के आकाश में
और उनमें से कुछ
हमारे पेड़ों पर भी ठहरते हैं।
हम शहर में रहते हैं,
पता नहीं किस जंगल से किस जंगल को,
किस बसेरे से कहाँ काम को
तोते रोज़ जाते हैं–

कई बार मैं और मेरी बेटी
एक खेल खेलते हैं शर्त लगाने का कि
तोतों का कौन-सा दल
हमारे पेड़ों पर ठहरेगा या नहीं ठहरेगा।

तोते हमें नहीं देखते
क्योंकि उनकी नज़रें हमेशा ही
पेड़ों और उन पर लगे फलों पर होती हैं।
तोते
एक हरा आकाश बनकर
छा जाते हैं पृथ्वी पर।
तोते छोड़ देते हैं
अधखाये फल की तरह पृथ्वी को।

मेरी बेटी
भाग-भागकर उड़ाती है तोतों को,
बचाती है फलों को,
पृथ्वी को।

आकाश में, अँधेरे में,
दूरियों में अदृश्य हो जाते हैं तोते।

हरीतिमा से चमकती
खड़ी रहती है मेरी बेटी
पृथ्वी को सहेजकर दुलराते हुए।

1985

पृथ्वी के रहस्य

जब सोती हैं वनस्पतियाँ
और देवता
तब
पृथ्वी चुपके से
खोलती है अपने मनोरम रहस्यों की तरह
कीड़ों को—

अँधेरे पर
हरियाली में
काँपती पत्तियों
पेड़ों के तनों-जड़ों में
चट्टानों के नीचे
वे धीरे-धीरे छा जाते हैं

जब कोई नहीं देख रहा होता
तो पृथ्वी को
ढाँक लेते हैं
पृथ्वी के रहस्य ही।

1986

असम्भव है पृथ्वी

अपनी-अपनी पृथ्वियों से अलग
यह जो हमारी पृथ्वी है
जिसे हमने गढ़ा है
कभी-कभी इतनी अदृश्य
स्पर्शातीत क्यों हो जाती है?

रात के अँधेरे में
आश्चर्य की तरह खुलती है पृथ्वी।

लपकती आँच के पार से
देखते हैं उसे हम—
अकेले उसे न देख सकते हैं
न ही उसमें हो सकते हैं।

एक असम्भव है पृथ्वी
जिसमें होने की हम अथक प्रतीक्षा करते हैं!

1986

देखा है!

तुमने वह बादल देखा है
जो नीलेपन के टुकड़े पर
अभी उभरकर
एक दाग़-सा मिटता-मिटता चला गया है
तुमने वह बादल देखा है!
पहचाने हैं रंग
भार अनुमाना उसका खिड़की के सलाख़ मिलकर जो
चित्र बनाते थे उससे
देखा है!

बादल? बादल तो चला गया
पर यह मुद्रित मन देखा है!

1959

जल

जल
खोजता है
जल में
हरियाली का उद्गम
कुछ नीली स्मृतियाँ
और मटमैले चिह्न

जल
भागता है
जल की गली में
गाते हुए
लय का
विलय का उच्छल गान

जल देता है
जल को आवाज़
जल सुनता है
जल की कथा
जल उठाता है
अंजलि में
जल को
जल करता है
जल में डूबकर
उबरने की प्रार्थना

जल में ही
थरथराती है
जल की कामना

1988

गूँजती हुई सुबह

वृक्षों की झिलमिल पत्तियों में
गूँजता है हरापन

पूरब के आकाश में
धीरे धीरे उठती है
एक अरुणाभ गूँज

धरती के सपने में
गूँजता है दूध
गूँजते हैं कुनमुनाते बच्चे
गूँजती है ओसभीगी हरियाली

देवताओं की तरह प्रसन्न
चहकते हैं पक्षी

लाल में गूँजता है हरा
हरे में नीला

और इसके पहले
कि मन्दिर में गूँजे प्रार्थना
ध्रुपद के आलाप की तरह
गूँजती हुई
पलाश के फूलों जैसी खिल जाती है
सुबह।

1988

विकल्प

अगर किसी दिन पत्थर को लगे कि उसे पत्थर होना अच्छा नहीं लगता तो वह क्या हो सकता है?

(पहली आपत्ति तो यही होगी, कुछ संवैधानिक क़िस्म की, कि पत्थर को पत्थर तो हम मानते हैं, पत्थर थोड़े ही अपने को पत्थर मानता होगा? हो सकता है वह अपने को चिड़िया मानता हो—जो पहाड़ी की चोटी से उड़कर नीचे आती है, भले ही एक उड़ान में एकाध शताब्दी बीत जाती है। हमारे समय से पत्थर का समय अलग होता होगा।)

अगर तर्क के लिए या कि इस कविता के लिए ही सही इस आपत्ति पर विचार न करें (जो कविता आपत्ति या विपत्ति पर विचार नहीं करती, उसके लिए ज़्यादा जगह या समय वैसे नहीं बचा है!) तो क्या-क्या विकल्प हो सकते हैं पत्थर के सामने?

शुद्ध दार्शनिक तो एक यही कि पत्थर होना न चाहना ही पत्थर न हो जाना है।

अब चाहे तो पत्थर पेड़ हो सकता है हरा-भरा, जिसके पत्तों को बच्चे पत्थर मारकर तोड़ेंगे और जिसकी जड़ें धरती के अँधेरे में चट्टानों और पत्थरों से टकराएँगी।

अगर उसे चिड़िया होना सुहाये तो वह एक रंग-बिरंगी चिड़िया बन-कर डाल-डाल फुदक सकता है। अपने मित्र-पत्थरों पर बैठकर उन्हें अपने अनुभव सुना सकता है।

ख़तरा अलबत्ता यह है कि एक दिन किसी नुकीले पत्थर से कोई लड़का उसे मार न डाले।

अगर पत्थर आकाश होना चाहे तो उसे बहुत ऊपर जाना होगा। पर जब चाहे वह किसी झील के पानी में झुक सकता है और अपनी प्रिया को छका सकता है। जो भी हो, पत्थर को यह साफ़ तय करना पड़ेगा कि वह क्या बनना चाहता है क्योंकि जो कुछ भी बनो पत्थर से छुटकारा नहीं है।

दूसरे, पत्थर मरते नहीं हैं। वरना पेड़ हो, चिड़िया हो या आकाश, आजकल धीरे-धीरे सब मर रहे हैं। अब अगर इस दुनिया के साथ ही मर जाने की ठान रखी हो तो बात और है, वरना सबके
बाद में बचने वाले हैं पत्थर ही।

इसके बावजूद कौन जानता है कि उसकी अकिल में सचमुच पत्थर पड़ गया हो और पत्थर कुछ और होना चाहे।

पत्थर के सामने अनेक विकल्प हैं।

1985

प्रतीक्षा करते हैं पत्थर

किसी देवता या काल की नहीं
पता नहीं किसकी प्रतीक्षा करते हैं पत्थर–
धीरज से
रेशा-रेशा झिरते हुए,
शिरा-शिरा छिलते हुए,
प्रतीक्षारत रहते हैं पत्थर।

मेंह गिरता है, सूखी पत्तियाँ, धूप गिरती है,
गिरती हैं, आवाज़ें,
भाँय-भाँय करता रात का बियाबान और अँधेरा–
अपने अभेद्य हृदय में
कोई प्राचीन धुन दुहराते हुए,
प्रतीक्षा में बैठे रहते हैं पत्थर।

हरे सपने भूरी पहेलियाँ पीला पड़ता समय
छीजती भाषा आदिम अँधेरा
सब घेरता है पत्थरों को–
पर अपलक बाट अगोरते
एक बेहद्दी चौगान में खड़े रहते हैं पत्थर।

बिना माथा झुकाये प्रार्थना करते हैं पत्थर,
बिना पसीजे कामना करते हैं पत्थर,
बिना शब्द कविता लिखते हैं पत्थर।
पता नहीं किसकी प्रतीक्षा करते हैं पत्थर–

1994

बेतरतीब

1

अधेड़ वृक्ष को आए बुख़ार में
चुपके से गिरती है
उसकी अधपीली पत्ती पर ओस
आकाश के पसीने की बूँद
हरियाली का सपना रेंगता है
एक डार से बिछड़ी चींटी जैसा
भूला गान
भटकता है रसायन बन सूखती शिराओं में।

2

पत्थर की अंजलि में
जलोद्गम
हरी काई देखती है स्वप्न
जलप्रवाह का
किनारे बैठी चट्टान में
घिरता जाता है स्वप्न
पत्थर की पुकार में
झरने का अवसाद बहता है।

3

जनारण्य में
देवताओं के तुमुल में
गुफाओं के प्राचीन सुनसान में
मैंने उसे पुकारा...

4

नदी में डूबता है महल
मेहराब से हिलगा है एक पुराना गीत
स्वर में उभरता है एक खण्डहर
दहलीज पर ठिठकती है कथा
उसके बीच में उड़कर आ बैठता है एक पक्षी
पंख में लिपटा हुआ बचपन
सुबह देर से उठने पर छूट गई स्कूल-बस
पहिए में लिपटा कीचड़
पानी में मिलते हुए न जाने कितने पानी
जानते हुए भी नदी का
बीच प्रलय में झपकी लेना
आँख में सूख गया आँसू
पगडण्डी पर चिड़िया की चोंच से गिरा दाना
उड़ान में उठान में थकान में ढलान
ढाल पर ताक में बैठा समय
काल की आँख में चुभता शब्द
अक्षर में विलीन हो गई कविता

5

प्यास का अपना व्याकरण है
सारे अर्द्धविरामों विस्मयादिबोधकों को रौंदती
प्यास अपना वाक्य पूरा करती है
असंख्य यतियों के बीच
वह जल-वक्तव्य
प्यास के बहाने पानी बोलता है...

1997

प्रेम के रूपक

मैं प्रस्तावित करता हूँ
हरियाली पर पहली ओस,
ऊँचे उड़ता और
नीलिमा से एकाकार होता अन्तिम पक्षी,
पुनरपि ज्वलन्त सूर्य की लालिमा।

मैं प्रस्तावित करता हूँ

अँधेरे में जड़ों की तरह सक्रिय शब्द,
बड़ी सुबह
दरवाज़े पर दस्तक का सन्देह।

कीड़ों की
न सुनी जा सकने वाली प्रार्थना
मैं प्रस्तावित करता हूँ।

1985

पत्थर से केलि करता है पत्थर
(खजुराहो में)

पत्थर चूमता है
पत्थर को

पत्थर को बाँहों में भींचता है
पत्थर

पत्थर भरता है पत्थर को–

पत्थर करता है मर्दन
पत्थर का

पत्थर होता है उत्तेजित
पत्थर देखता है मुग्ध
पत्थर देता है निमन्त्रण
पत्थर को

पत्थर उठाता है भुजाएँ
पत्थर तोड़ता है जंघाएँ
पत्थर कुसुमित होता है उरोज में

पत्थर काँपता है
पत्थर पसीजता है
पत्थर धार-धार बहता है
पत्थर करता है
पवित्र
पत्थर को

पत्थर से केलि करता है पत्थर

1987

नर्तकी

1

फूलों भरी डाल झुककर
जैसे बहते पानी से बतियाती है
और फिर हवा के झोंके में डोलकर
वापस हो जाती है स्थिर।

2

उसके पैरों में घुँघरू बजते हैं
जैसे नक्षत्र गाते हों
आकाश में।

3

वह अपने एकान्त को भरती है
अपने शरीर की लय से,
लालित्य से
उसकी आत्मा
उसे अपलक निहारती है
जैसे पक्षी देखता है
आँधी में तिनके-तिनके उड़ता
घोंसले के लिए जमा सारा का सारा सामान

4

वह छू आती है आकाश
वह घूम आती है अन्तरिक्ष
वह दूसरों का प्रेम व्यक्त करते लजाती है
वह दूसरों की कथा कहती है अपने शरीर से
वह कहीं नहीं जाती
वह रहती है
अपनी आत्मा के अँधेरे में जड़
दूसरों को पल्लवित-कुसुमित करती हुई

5

चौंधियाते प्रकाश में
अनगिनत आँखों के घेरे में
सबके बीचोंबीच
वह अकेली नाचती है
अकेलेपन से खोजती है
अपने लिए जगह

6

वनप्रान्तर में
एक अनाम वृक्ष की डाल पर
एक हरी पत्ती को ठेलकर
खिलता है एक अदृश्य पुष्प
और हवा समझती है
कि थिरक रहा है
छिटककर भी
वनदेवी के चरणों से
एक नूपुर।

1987

युवा जंगल

एक युवा जंगल मुझे,
अपनी हरी उँगलियों से बुलाता है।
मेरी शिराओं में हरा रक्त बहने लगा है
आँखों में हरी परछाइयाँ फिसलती हैं
कन्धों पर एक हरा आकाश ठहरा है
होंठ मेरे एक हरे गान में काँपते हैं :
मैं नहीं हूँ और कुछ
बस एक हरा पेड़ हूँ
—हरी पत्तियों की एक दीप्त रचना!
ओ जंगल युवा,
बुलाते हो
आता हूँ
एक हरे वसन्त में डूबा हुआ
आऽ ताऽ हूँ—

1959

प्रार्थना

रक्त के ऐश्वर्य में
एक दीपशिखा जलती है
भारी शोरगुल
और चीज़ों के बेगानेपन के बावजूद
तुम जानते हो
कि वह कामना है

प्रार्थना का वह एकमात्र रूप
जो हृदय को सहारा देता है।

1967

आत्मा शरीर का अनन्त स्वप्न

वृक्ष एक शरीर है
पृथ्वी के शरीर से उगता हुआ और अटूट
फूल तभी तक फूल है जब तक वह एक अंग है
वृक्ष का
और पत्तियाँ तभी तक पत्तियाँ जब तक वे वृक्ष से हिलगी हैं

जब तक तुम साधे हो उसके शरीर को
तभी तक
उसकी आत्मा भी तुमसे अटूट है

आत्मा शरीर का अनन्त स्वप्न देखती है।

1983

नीलाकाश में अकेली

अपने नीलाकाश में
अकेली वह
शब्दों में नहाती
पहनती है
इच्छा को
वस्त्र-सा
सोचती है
यौवन जल है
अंजलि का
वह ज्यों माँगे
त्यों देना है।

1985

प्रेम के लिए जगह-1

उसने अपने प्रेम के लिए जगह बनायी

बुहार कर अलग कर दिया तारों को
सूर्य चन्द्रमा को रख दिया एक तरफ़
वनलताओं को हटाया
उसने पृथ्वी को झाड़ा-पोंछा
और आकाश की तहें ठीक कीं

उसने अपने प्रेम के लिए जगह बनायी

1986

प्रेम के लिए जगह-2

उसने बचपन की कुछ पतंगों को बिछाकर
बनाया रंगबिरंग बिछौना
उसने एक कोने पर सजाये
पुराने पत्र और छबियाँ
उसने गुनगुनायीं
कुछ प्रार्थनाएँ
उसने जमा किये एक तरफ
जन्म-जन्मान्तरों के उपहार

उसने याद किये कई चेहरे
शहरों की कई ओझल खिड़कियाँ
कड़ी धूप में भी झुरमुट में
बचा अँधेरा
पुराभाषाओं के लुप्त शब्द

उसने अनादि से अनन्त तक
प्रेम के लिए जगह बसायी

1987

[तत्पुरुष में 'प्रेम के लिए जगह' शीर्षक से प्रकाशित]

वह बैठती है

देवताओं द्वारा छोड़ी गयी जगह पर
पृथ्वी को अर्द्ध-प्रकाशित करती धूप में
कविता की निबिड़ रात में
वह बैठती है

वह बैठती है
हरीतिमा की वनस्पति-शिराओं के गुँथाव में
फूलों की धीरे-धीरे चढ़ती दोपहर में
शब्दों के स्पन्दित अन्तरिक्ष में

वह बैठती है तो
देवता और पवित्र समय बैठते हैं
आयु का निष्कलंक वसन्त बैठता है
वह बैठती है...

1994

वह दिगम्बरा आकाश की शैया पर

वह दिगम्बरा आकाश की शैया पर

उसकी कंचुकी उतारकर
ले गया है चन्द्रमा
उसका अधोवस्त्र
हर ले गया सूर्य
उसके अनावृत उरोज
दिपते हैं ताराओं से

उसे लेता है
हरी दूब की सौंधी गन्ध से
महकता अँधेरा

उसे बेधता है
ताजे दूध की तरह धारोष्ण आलोक

वह दिगम्बरा आकाश की शैया पर...

1985

चीज़ों का चेहरा

चीज़ों का कोई चेहरा नहीं है
इसलिए उनमें मेरे लिए
न उपेक्षा है, न करुणा।
बेगानेपन के एक अनन्त सिलसिले में
गुँथी हुई हैं वे—
कभी-कभी मुझे लगता है
वे हलकी नीली रोशनी में डूबी हुई हैं
और मेरी तरह
प्रतीक्षा एकमात्र भाषा है
जो अब उनके बीच रह गयी है।

पर असल में ऐसा नहीं है।
मैं चाहूँ तो खिलवाड़ में
उनके रिश्ते अदल-बदल सकता हूँ
फिर भी टूटेगा नहीं

उनके बेगानेपन का सिलसिला...
वह आएगी
और चीज़ों के बीच स्थगित अकेलेपन को
बिना विचलित किये
उन्हें इधर-से-इधर कर देगी
उस विन्यास से
किलक कर खिल आएगी
एक सुकुमार स्वस्ति...।
चीज़ों के पास
फिर भी
कोई चेहरा नहीं होगा।

1966

प्रणय निवेदन

क्या मैं भेज सकता हूँ
अपने शब्दों के साथ
थोड़ा-सा चन्द्रमा
एक संज्ञा भर,
एक क्रिया बराबर आकाश,
एकविशेषण जितनी हरीतिमा?

आख़िर कब तुम जानोगी–
यह रात-दिन की बारिश,
यह उसमें झींगुरों की अथक पुकार,
यह हर कुछ को छूती-घेरती हवा
मेरा प्रणय-निवेदन है!

1986

आओगी?

सुबह का वक़्त है : उमस-सी है और धूप में एक अप्रीतिकर
चमक भी। वनस्पति का हरा रंग भी बेराहत लग रहा है।
एक सुन्दर-सी पीली चिड़िया वहाँ घास पर फुदक रही है ठीक
वैसे ही जैसे तुम हो सुन्दर, नीरव और प्यार को घास की तरह
धीरे-धीरे पहचानती और उसमें अपने लिए अर्थ खोजती।
जैसे इस चिड़िया को मिली है हरी घास या नीला अन्तरिक्ष,
क्या हम एक दूसरे को मिल सकते हैं? सुबह के हलके ठण्डे
उजास में क्या धीरे से मैं तुम्हें पुकार सकता हूँ और
उम्मीद कर सकता हूँ कि निमन्त्रण पर तुम आओगी?

1981

उषाओं के गर्भ में

उषाओं के गर्भ में भटकती
मेरी आवाज़ है

और असंख्य छायाभासों के पीछे कहीं
आकाश-सी सोयी हुई तू है
कि काँपता-सिहरता लयों का सुनसान
जो शायद मैं होता
कि झिलमिल उत्सुक उजालों का बहाव
जो शायद तू होती!

आ
कि आ जिसकी प्रतीक्षा में मैं हूँ
तू है
उसे सचमुच जन्म दें!

आ
इन खुलती आभाओं के पीछे कहीं से आ
और मेरी भटकती आवाज़ को थाम
एक नीरव तारे-सा स्थिर कर दे!

आ
उषाओं के गर्भ में भटकती
मेरी अँधेरी आवाज़ है—

1960

आओ

आओ,
जैसे अँधेरा आता है अँधेरे के पास
जैसे जल मिलता है जल से
जैसे रोशनी घुलती है रोशनी में।

आओ,
मुझे पहनो
जैसे वृक्ष पहनता है
छाल को
जैसे पगडण्डी पहनती है
हरी घास को।

मुझे लो
जैसे अँधेरा लेता है जड़ों को
जैसे पानी लेता है चन्द्रमा को
जैसे अनन्त लेता है समय को।

1984

प्रतीक्षा

प्रतीक्षा एक शब्द नहीं है
वह अँधेरा है
जिसमें खड़े तुम
उसके रोशन होने की बाट
जोह रहे हो।
प्रतीक्षा से जुड़ती है कामना
अँधेरे से अँधेरा,
जैसे एक तारे से
दूसरा चमकता हुआ तारा—
और फिर सबको चीरती हुई
आती है उसकी आवाज़
बारिश की तरह सबको भिगोती हुई
और प्रतीक्षा को
एक दीप्त हरीतिमा का गौरव देते हुए।
प्रतीक्षा एक शब्द नहीं है
प्रेम का प्रफुल्ल वैभव है।

1984

विरहोत्कण्ठिता

वचन देकर भी नहीं आता प्रिय
प्रतीक्षा के अनन्त के वृन्त पर
खिली वह कली सोचती है
यह भरे वसन्त में उसे पतझर क्यों लग रहा है!
यह प्रतीक्षा पुष्प-स्पर्श की
यह प्रतीक्षा प्रियवचन की
यह प्रतीक्षा प्रस्फुटन की

गवाक्ष से जैसे आती है धूप
गली में जैसे छाती है धूप
द्वार को जैसे रौशन करती है धूप
धूप ही रास्ता है उसके आने का
जो नहीं आयी है

भरी धूप में छाया घिरती है
सूर्य में घिरता है अँधेरा
हृदय में घिरती है हताशा

वह पलटकर देखती है
दोपहर में घिरती सन्ध्या को
प्रतीक्षा पर झरती उदासी को
वह निढाल
वचन को कुम्हलाते देखती है—

1994

विलम्ब

उसे आने में देर हो रही है
मेरी प्रतीक्षा की गति कुछ तेज़ है

हो सकता है
घेर लिया हो
लालची समय ने
कामातुर देवताओं ने
धीरे-धीरे सब कुछ को नम करती ठण्डी ओस ने

हो सकता है
देवकन्याएँ उसे सजा रही हों
संशय के फूलों से
संकोच के आभूषणों से
लज्जा के परिधानों से

हो सकता है
वह भटक गयी हो
किसी आकाश की भूलभुलैया में
अनन्त के किसी गलियारे में
देवताओं के किसी दुश्चक्र में

उसे आने में देर हो रही है
और यह शताब्दी बीतने-बीतने को है—

1994

उसने कहा

उसने कहा :
मुझे आलाप की तरह आना चाहिए
इस सुनसान में

जहाँ शायद पुरखे भी आने में
संकोच करेंगे

लगता है कि सब कुछ अन्दर है
बाहर सिर्फ़ खिड़की भर मेघाच्छादित आकाश
नीचे पिछवाड़े के आँगन की हरी घास
और अनबोले शब्द

सिर्फ़ काग़ज़ों कविताओं और स्मृति में हैं—
इस निर्जन में उसने अकस्मात् कहा
उसे आलाप की तरह आना चाहिए :

शिरा-शिरा मुरझाती-सूखती-सिकुड़ती ललछौंही पत्ती
भूरे से फ़र्श पर लगभग अदृश्य सफ़ेद महीन मकड़ी
निष्पलक जलता लैम्प
एकान्त के हर गोशे को भरती भीमसेन जोशी की बेचैन सी रामकली
नीले पुलओवर पर भूरे मफ़लर का अचानक विन्यास
सुबह बहुत देर बाद चहचहाती चिड़ियाँ
उसने मेरी आत्मा के अँधेरे में
रौशनी की एक अमिट लकीर खींचते हुए कहा :
मुझे आलाप की तरह आना चाहिए

उसने कहा उसे आरम्भ में आना चाहिए
समय के पहले आघात के समय
कविता के प्रथम शब्द के समय
सुनसान की शुरुआत के पहले
आलाप की तरह

1994

वासक सज्जिका

वह अपने कानों में पहनती है
सूर्य और चन्द्र के कुण्डल
अपने कुन्तलों में भरती है निशीथ का अन्धकार
वह नक्षत्रों से गूँथती है अपने लिए एक पुष्पहार
वह अपने उरोजों को देती है पर्वतों की उठान
वह आकाश को बाँधती है दुपट्टे की तरह
वह पृथ्वी को अन्तिरिक्ष को
सारे ब्रह्माण्ड को
पर्युत्सुक करती है
अपने प्रियसमागम के लिए

वह लौट आयी है

वह लौट आयी है
हवा ने देखा
और एक हरी पत्ती
के कान में गुनगुना दिया
पत्ती से ख़बर लगी
वृक्ष को
और अँधेरे में
फूट टटोलती जड़ों को
सारी पृथ्वी
प्रफुल्ल हुई
और उसे ओस-बूँद
की तरह ढाँप लिया आकाश ने
आत्मा की एक अनन्त चट्टान पर
एक अदृश्य पक्षी की तरह
अविचल वह बैठी है
लौटकर—
और हवा अब उससे बेख़बर है।

1984

देह की पुकार सुनती है देह ही

न सुनती है हवा,
न पता चल पाता है धूप को–
अँधेरा रहता है अन्यमनस्क,
और चीज़ें और दृश्य हमेशा की तरह
उदासीन–
देह की पुकार,
सुमुखि,
सुनती है
देह ही।

1986

क्या उसने वही कहा

क्या उसने वही कहा
जो उसके शरीर ने?
क्या उसके शरीर ने कुछ कहा?

क्या उस गहरे आर्द्र कुसुम ने वही कहा
जो उसके नेत्रों ने?

क्या तुम्हारे पास
बेधता-चीरता-भरता-मथता
उत्तर है?

1983

पदाघात

पदाघात से
खिलता है अशोक का फूल
बिखरते हैं रंग
होती है सुबह
पृथ्वी मनाती है मोद
पदाघात से–

1994

ओठ

तराशने में लगा होगा एक जन्मान्तर
पर अभी-अभी उगी पत्तियों की तरह ताज़े हैं
उन पर आयु की झीनी ओस हमेशा नम है

उसी रास्ते आती है हँसी
मुस्कुराहट
वहीं खिलते हैं शब्द बिना कविता बने
वहीं पर छाप खिलती है दूसरे ओठों की

वह गुनगुनाती है
समय की अँधेरी कन्दरा में बैठा
कालदेवता सुनता है
वह हँसती है
बर्फ़ में ढँकी वनराशि सुगबुगाती है
वह चूमती है
सदियों की विजड़ित प्राचीनता पिघलती है

रति में प्रार्थना में स्वप्न में
उसके ओठ बुदबुदाते हैं....

1994

पूर्णिमा

पूर्णिमा का चन्द्रोदय
उसके शरीर में—
और जैसे आकाश रहता है
अपरिचित अपने नक्षत्रों से,
वह उदासीन है उस चाँदनी से
जो उससे ही झिरती हुई
छा रही है पृथ्वी पर।

पानी में सोता है चन्द्रबिम्ब
वृक्ष को घेरती है छाल
चिड़िया के चहकने से फूलता है अमलतास

वह सुन्दर है
जैसे कठोर है चट्टान
जैसे परिक्रमा करती है पृथ्वी
जैसे भिगोता है पानी
जैसे उषा से दीप्त है
भोर का आकाश।

1987

वह नहाती है

1

वह नहाती है
मानों पानी से धुल जाएँगे
उसकी देह पर नख-शिख अंकित चुम्बन–
और पाती है
सद्यःस्नात कुचाग्रों
नाभि को
चकित नेत्रों को
उन्हीं चुम्बनों की अधीर लौ में
तपते-कसमसाते।

2

वह नहाती है
मेरा प्रेम छूता है जल को
जल उसकी देह के दिगम्बर वैभव को–

वह नहाती है
उसकी सुषमा को अवाक् निहारती है
जल की वाष्प-शिथिल आँख
लज्जा से लाल पड़ी आँख
चकाचौंध हुई जल की आँख

3

वह नहाती है
बन्द स्नानघर भी
खुला नदी तट है
—जल फिर-फिर पहचानता है
उत्तुंग को, गहरे बसे हुए को,
श्यामाच्छादित त्रिभुज को

वह नहाती है
प्राचीन तन्वंगी
अनन्त के ओसारे में
कविता के गवाक्ष के नीचे
लज्जारुण जल से
या कि उत्तेजित कविता से।

1994

सद्यः स्नाता

पानी
छूता है उसे
उसकी त्वचा के उजास को
उसके अंगों की प्रभा को—

पानी
ढलकता है उसकी
उपत्यकाओं शिखरों में से—

पानी
उसे घेरता है
चूमता है

पानी सकुचाता है
लजाता गरमाता है
पानी बावरा हो जाता है

पानी के मन में
उसके तन के
अनेक संस्मरण हैं।

1987

दिगम्बरा-1

वह शिखा थी
निष्कम्प नहीं, स्पन्दित–
काँपती हुई।
किसी कातरता से नहीं,
अपनी ही स्वयंप्रभा कामना से।
वह नेत्रों में थी–गहरी और प्रज्वलित
सपनों की-सी चमक लिये।
वह ओठों पर चमक रही थी,
जैसे छाप हो।
वह निम्ननाभि थी
–अपने उद्दाम अतिरेक में कसमसाती हुई,
वह श्याम झाड़ी में छुपा
आर्द्र कुसुम थी,
अपने अँधेरे अन्तरिक्ष में
सुख के उज्ज्वल आलोक की प्रतीक्षा में।

वह शिखा थी
उसकी पूरी देह दीपक थी
प्रेम में जलती हुई
दिगम्बरा।

दिगम्बरा-3

वह दर्पण है
वह नहीं, उसकी दिगम्बरता–
उसमें वह स्वयं ही
प्रतिबिम्बित है....

यौवन देखता है
उस दर्पण में अपने वैभव को,
सुन्दरता निहारती है
उसी में अपनी अपार सुषमा,
वह दर्पण है
वही नहीं, उसकी दिगम्बरता...

आकाश निरावरण है
रात के अँधेरे में
और अपना ही दर्पण है।

दिगम्बरा-8

पृथ्वी ने
उतारकर रख दी
अपनी वनस्पतियाँ, नदियाँ और उपत्यकाएँ

आकाश ने
खोलीं नक्षत्रों की गाँठें

सूर्य ने
किनारे कर दिया अपना उत्ताप

चन्द्रमा ने
ओस से मुँह धोया

चट्टान ने
सदियों की करवट ली

समय हुआ निरावरण
वह हुई
दिगम्बरा...

अकस्मात्-3

अपने घुल-घुलकर पानी होने के सपने में बिंधा
नदीतल में थमा पत्थर–

आयु के झुटपुटे में बचपन की खिड़की से दीखता
शब्द का सुनसान पड़ोस–

देवताओं के अरण्य में किसी पक्षी की कातर चीख़ के बाद
समय की सूखी पत्तियों के बीच रेंगते कीड़ों पर
बिना मुरझाये भी झरता फूल–

पर्वत पर सन्ध्या,
बूढ़े की गुदड़ी में बिला गयी सिक्के की सुबह,
बीमारों के लिए मुफ़ीद सूखा हुआ नीबू का अचार,
क़वायद से बाहर कर दिये गये सैनिक का फटा हुआ जूता,
चौकीदार की लग गयी आँख में दुस्स्वप्न-सी लरज़ती पुराकथा,
मरघट में चिताओं की राख से अपने को बचाती हुई
एक चौकन्नी बिल्ली,
देवायतन में नाचती शून्यमहारी–

पत्थर के पड़ोस में फूल–
सन्ध्या में फटे हुए जूते की पुराकथा–
देवायतन में देवता की जगह शब्द–

मैंने इन सबके बीच से
अकस्मात् उससे कहा :
तुम मेरा समय हो!

किस नाम से

उसे किस नाम से पुकारूँ?
नाम देना उसे भाषा की एक चौहद्दी में
सीमित करना है...

आग कहूँ
या उससे भीगूँ बारिश की तरह
ओस की तरह
नदी के अटूट जल की तरह
उसे लपेट लूँ हवा की तरह
फूलों की हँसी की तरह

उसे पृथ्वी की तरह
फैला दूँ आकाश के आर-पार
उसे सजा दूँ नक्षत्रों की तरह
अपने गवाक्ष पर
उसे जड़ दूँ समय के झरोखे में
कभी धूमिल न पड़ने वाली छबि की तरह

या कि उसे रख दूँ
कविता में अलिखित शब्द की तरह
अक्षर और अलक्षित—

भाषा की कगार पर खड़ा
मैं उसे किस नाम से पुकारूँ—
जो उसे मुक्त करे
आकाश में, पृथ्वी में,
जल, पावक और समीर में?
1994

प्रेम

मैं उस पर ध्यान लगाये हूँ
जैसे मोची लगाता है अपने अधसिले जूते पर।

मैं पूरी तरह तैयार हूँ
कील-काँटे के साथ।
मैं अपने दूसरे कामों,
बातचीत, सुख और चिन्ताओं से
फ़ुरसत लेकर आया हूँ।
बच्चे अपने खेलों में व्यस्त हैं
और रोज़ की पीली चिड़िया फुदककर
नीली चाहत में दूर जा चुकी है।

मैं आकाश को
धीरे-धीरे नाप के हिसाब से काटता हुआ
उसके लिए आरामदेह जूते की शक्ल में बदल रहा हूँ।

यह एक पेड़ है हरी घास के ऊपर तना हुआ
और उसके नीचे मैं हूँ
बिना किसी ख़बर के इन्तज़ार में
अधीरता से अपने चमड़े को गोंठता हुआ...

1978

वही तो नहीं रहने देगा

प्रेम वही तो नहीं रहने देगा
उसके शरीर की लय को
उसके लावण्य की आभा को
उसके नेत्रों के क्षितिज ताकते एकान्त को?
प्रेम उसे बहुत हलके से छुएगा
जैसे हवा छूती है
उषा में जागते पलाश के फूल को,
जैसे रात देर गये
चूमती है ओस की बूँदें
घास की हरी नोक को।

वह आश्चर्य से देखेगी
अपने बदलते हुए आस-पास को,
चीज़ों की आपसी कानाफ़ूसी
और उनके बीच दबी-छुपी हँसी को–
धीरे-धीरे तपेगी उसकी देह
सुख की हलकी आँच में–
प्रेम उसके पास आएगा
नींद की तरह, सपने की तरह
फूलों और चिड़ियों की तरह
गरमाहट-भरे संग-साथ की तरह
जाड़ों में गरम रोटी और दूध
की तरह–
प्रेम वहीं तो नहीं छोड़ेगा
उसे।

प्रेम वही तो नहीं रहने देगा
उसके अकेलेपन को
भर देगा गुनगुनाहट और हरियाली से
अबोध रूपगर्व से—
उसे—

1989

वह कैसे कहेगी

वह कैसे कहेगी हाँ—
हाँ कहेंगे
उसके अनुरक्त नेत्र
उसके उदग्र-उत्सुक कुचाग्र
उसकी देह की चकित धूप
उसके आर्द्र अधर
कहेंगे हाँ—
वह कैसे कहेगी हाँ—

1990

पहला चुम्बन

एक जीवित पत्थर की दो पत्तियाँ
रक्ताभ, उत्सुक
काँपकर जुड़ गयीं,
मैंने देखा :
मैं फूल खिला सकता हूँ।

1960

सुनो

"इन यू ऐट एव्री मूमेण्ट, लाइफ़ इज़ अबाउट टु हैपन"

—अलबर्तो द' लासेर्दा

1

सुनो अपने हाथ दो
सुनो अपनी बाँह दो
सुनो अपने नयन दो
सुनो अपने होठ दो

सुनो यों थको मत
पसीजो मत
सुनो, सुनो यों ऐंठो मत

सुनो फूटो मत
धार-धार हो बहो मत
सागर तुम हो
नदी की सीमा
जो मेरी है,गहो मत
सुनो—

सुनो जो फिर एक छोटा उदय चमकेगा
उसे नाम मैं दूँगा
कल खिलेगा तुम्हारी टहनियों पर
फूल वह,
वह सोनल शस्य तुम्हारा
उसे नाम मैं दूँगा
सुनो—
सुनो अपने हाथ दो—

2

सुनो अगर उदय की प्रतीक्षा विफल थी
तो क्या
तुम फिर हाथ दे सकती हो
बाँह दे सकती हो
सुनो अब भी सूखी टहनियों पर
चमकता है वह हलका आलोक-जल
अब भी ठहरा हुआ है
उत्सव-स्पर्श वह
सुनो अगर शस्य की
प्रतीक्षा विफल थी
तो क्या–

1959

कुछ नहीं हुआ

कुछ नहीं हुआ
जब स्वीकार हुआ।
सब कुछ रुक गया—
ढलकने के पहले आँसू
अथाह संगीत की झिझक
और लोगों के शोरगुल में फँसे
शब्द—
सब कुछ रुक गया
उसे होने देने के लिए

जब वह हुआ
कुछ नहीं हुआ
सिवाय उसके।

समय बहता रहा अविरल
नक्षत्रों का आलोक
दिगन्तों के पार रहा संपुंजित
वनस्पतियाँ अपने हरे स्पन्दन में
वैसी ही रहीं उदग्र।

कुछ नहीं हुआ
जो किसी और ने जाना हो।
जो था हुआ
जो नहीं था हुआ
जो हुआ
वह कुछ नहीं था
सिवाय स्वीकार के—

1989

अंगीकार

जब वह अपने ओठों पर
चुम्बन की प्रतीक्षा कर रही थी
वसन्त ने चुना स्पर्श के लिए
उसके बायें कुचाग्र को

जब वह अन्यमनस्क थी
उसके आर्द्र अँधेरे में प्रवेश किया
एक धधकते पुष्प की तरह
वसन्त ने

जब वह अपने लावण्य में
परिपक्व थी
उसके बखान में
ठिठका रह गया
एक शब्द की तरह
वसन्त

स्वीकार के बाद
चकित वसन्त ने
उसे किया बहुधा अंगीकार

1990

केलि

मैं बिछाता हूँ धरती का हरा बिछौना
मैं खींचता हूँ आकाश की नीली चादर
मैं सूर्य और चन्द्रमा के दो तकिये सम्हालता हूँ
मैं घास के कपड़े हटाता हूँ
मैं तुमसे केलि करता हूँ।

1985

प्यार करते हुए सूर्य-स्मरण

जब मेरे होठों पर
तुम्हारे होठों की परछाइयाँ झुक आती हैं
और मेरी उँगलियाँ
तुम्हारी उँगलियों की धूप में तपने लगती हैं
तब सिर्फ़ आँखें हैं
जो प्रतीक्षा करती हैं मेरे लौटने की
उन दिनों में जब मैं नहीं जानता था
कि दो हथेलियों के बीच एक कुसुम होता है
—सूर्यकुसुम!

जब अँधेरे दरवाज़े पर खड़े होकर
तुम एक गीत अपने कन्धों. से
मेरी ओर उड़ा देती हो
और मैं एक पेड़ की तरह खड़ा रहता हूँ
तब सिर्फ़ आँखें हैं
जो प्रतीक्षा करती हैं मेरे लौटने की
उन दिनों में, जब मैं नहीं जानता था
कि दो चेहरों के बीच एक नदी होती है
—सूर्यनदी!

जब तुम मेरी बाँहों में
साँझ-रंग-सी डूब जाती हो
और मैं जलबिम्बों-सा उभर आता हूँ
तब सिर्फ़ आँखें हैं
जो प्रतीक्षा करती हैं मेरे लौटने की
उन दिनों में, जब मैं नहीं जानता था
कि दो देहों के बीच एक आकाश होता है
—सूर्यआकाश!

1960

उसने कहा-2

उसने कहा :
उसका शरीर सब-कुछ भूल गया
उसे अब कुछ भी याद नहीं आता।

1

ईश्वर की तरह
अकेला होता है शरीर,
आत्मा की तरह,
अपने एकान्त में सघन और निबिड़।

2

उसे याद नहीं आता
उसके साथ रहा शरीर,
शरीर पर देर तक नहीं रहती
दूसरे शरीर की छाया,
शरीर देर तक खुला नहीं रहता
दूसरे शरीर के लिए।

3

जो अलग है शरीर से
वह शरीर में नहीं।

4

अपने संगसाथ में भी
विषण्ण निहारता है शरीर अपने को।

5

शरीर भूलता नहीं है बाद में,
भूलना शुरू होता है तभी
जब वह साथ होता है।

6

भूलता है इसीलिए तो फिर जागता है शरीर,
फिर उमगता है स्पर्श से,
फिर करता है केलि,
क्योंकि उसे याद नहीं।

7

शरीर, शरीर का स्वप्न है
शरीर का सच उसके बाहर है—
दूसरे शरीर में,
जिसे वह भूलना चाहता है।

8

भूलने से नहीं मिटता सच
न आत्मा का, न शरीर का,

दिगम्बर देह को ढाँकता है वस्त्र
भूलना ढाँकता है सच को।

9

बार-बार बखानता है
अपना सच
शरीर
उसका सच उसे एक बार नहीं
कई बार मिलता है।

10

शरीर कुछ नहीं भूलता
न उल्लास, न चोट, न घाव
रोओं की तरह
उसे ढाँकती है याद।

[अभी कुछ और में 'उसने कहा' शीर्षक से प्रकाशित]

सिर्फ़ नहीं

नहीं सिर्फ़ आत्मा ही नहीं झुलसेगी
प्रेम में
देह भी झुलस जाएगी
उसकी आँच से

नहीं सिर्फ देह ही नहीं जलेगी
अन्त्येष्टि में
आत्मा भी भस्म हो जायेगी

प्रेम हो या मृत्यु
ऐसी कोई पावक नहीं
जो सिर्फ़ आत्मा को जलाये
या सिर्फ़ देह को

1990

फिर भी

फिर भी
हम प्यार कर रहे हैं...
समय के चूहे कुतर गए हैं
ढाँकने के लिए मिली छोटी-सी चादर,
पीठ पर रेंगती रही हैं
स्मृति की लाल चींटियाँ,
कमरे की छत से
छिपकली की तरह ताक रहा है
पिछला प्रेम–
फिर भी
हम प्यार कर रहे हैं...

पश्चाल्लज्जा

उसके सामने
वस्त्र पहनने में लजाती है वह
चाहती है वह दूसरी ओर देखे—
मानो अभी कुछ पहले
उसके साथ दिगम्बर
रत-उत्तप्त-विकल
सक्रिय-उदग्र कोई और ही थी—
अभी-अभी जो सघन सच था
उसे सपने की तरह
वहीं शय्या पर उसके साथ
छोड़ते हुए....

विन्यास से बाहर

खिड़की के पन्द्रह में से दरक गया एक काँच
उसने कहा कि बारिश तेज़ है बाहर और उसे कपड़े बदल लेना चाहिए
समय के अँधेरे पर खिंच गयी विद्युल्लता
नींद में गला सूखने पर
सपने से आ गया पानी का अधभरा ग्लास
प्राचीन स्मारक पर सुबह-सुबह जीर्णोद्धार में जुटे कारीगर

मृत्यु आराधना का संगीत सुनसान
नयी पुस्तक का बिसर गया समर्पण
विदेशी सिक्कों की चमकती धातु का निष्करुण प्रलोभन
सुबह से ही एक निराश दिन की लाचार छाया
—इतनी सारी असम्बद्धताओं को
किसी अर्थातीत वास्तु में विन्यस्त करते हुए
कविता कहती है
कि जीवन में कुछ भी बेतरतीब नहीं
भाषा में सबके लिए जगह है—

फिर भी यह जो सिर्फ़ होने की
ठीक इस समय इस जगह
उसकी अवसन्न सी आभा
क्यों बाहर ही रह जाती है
शब्द-विन्यास से

1994

उसका दुःख

उसने कहा
तुम मुझे जानते हो
पर मेरा दुःख नहीं जानते हो।

उसके चकित नेत्रों की गहराई में नहीं था उसका दुःख
वह सूखे पत्ते की तरह झरते नहीं देखा जा सकता था
खुली आँखों से,
वह ओस की आकस्मिकता की तरह नहीं चमकता था
उसके यौवन पर।

शायद वह गुपचुप करता था
उसकी शिराओं में उसके रक्त को कुछ गाढ़ा
उसके किसी अलक्षित-से केश को यकायक सफ़ेद
उसके दुःख का कोई ठिकाना नहीं था।
उसके शरीर में खोजकर भी नहीं पाया जा सकता
उसका दुःख,
उसके चिह्न,
उसके घाव...

पता नहीं था कि
सुख उतना ही है
उसके पास
जितना
उसके दुःख में अँट पाता है....
उसे जानना ठीक से
उसके दुःख के बिना सम्भव नहीं,
उसका दुःख जो अप्राप्य
सुख की तरह
पर उसी तरह अनिवार्य....

दुःख तेरे होने का

आत्मसमर्पण के क्षण में
जब तू फूट-फूटकर रो उठती है
अपनी करुणा से घिर कर,
—तो जानती है मुझे क्या देती हैं तेरी आँखें,
तेरे अनावृत उरोज और सिहरता कनकतन :
एक दुःख तेरे होने का,
और होकर प्यार करने का,
और प्यार कर समर्पित हो जाने का।
फिर मैं तुझे कामना से नहीं देख पाता
क्योंकि आँसुओं में डूबकर तू इतनी अधिक मेरी हो जाती है
कि मुझे सुन्दर और अस्पृष्ट और अक्षत लगने लगता है
मेरी बाँहों में समाया तेरा बचपन
जिसमें तू रोती है
और जो दुःख देता है
तेरे होने का—

1960

मुझे घृणा करने दो

यों ही चुप रहो,
और मुझे घृणा करने दो—
हरेक बस को पछियाती चली जाती है एक और बस
एक काले चाँद तक
अँधेरी गलियों में पवित्र प्रकाश की तरह
टिमटिमाती है मृत्यु;
नगर धड़कता है डूबते हृदय-सा;
यों ही चुप रहो
और मुझे घृणा करने दो—

गुर्राहट है, चीख़ है, शोर है
वह जो कभी संगीत था युवा अधरों पर;
चेहरे बनने की करुण चेष्टा में बिखरा
चीज़ों का एक विषम ढेर है;
यों ही चुप रहो
और मुझे घृणा करने दो—

मौन के आभामय आकाश में
यों ही रहो, प्यार से पीड़ित
अपनी कामना में ज्वलन्त;
और मुझे टूटी हुई सीढ़ियों

छप्परहीन मकानों
और सड़े हुए पेड़ों में से
अपनी घृणा में गुज़रने दो :
हवा में एक विषाक्त धुआँ है
मुझे घृणा करने दो
खोजने दो हाथ वे

जीवन की पवित्र आग
जिनमें–
अब भी काँपती हुई शेष है
यों ही चुप रहो, घृणा करने दो
लौटने दो फिर तुम तक
तब तुम्हारे अबोध हाथ
उस आग को थामे होंगे–

यों ही चुप रहो
और मुझे घृणा करने दो–

1961

आयु का आश्चर्य

आयु छुएगी
उसके चेहरे को
और चुपके से उसके लम्बे बालों में से
एक को सफ़ेद कर जाएगी—

उसकी बिंदिया के पास के तिल को और काला
गरदन के तिल को कुछ हलका
पर अछूता छोड़ जाएगी
उसके शरीर को—

थोड़ा और कत्थई कर जाएगी
उसके कुचाग्रों को,
उसके नितम्बों के वृत्तों को
थोड़ा सा वक्र
उसके रहस्य को
थोड़ा और गहरा—

उसकी पीठ पर
उकसानेवाला हाथ धरेगी
और धीरे से वापस खींच लेगी।

प्रेम और राग के पहले
आएगी उसे छूने आयु
और परिपक्व-युवा
छोड़
स्वयं चकित हो
आश्चर्य की तरह
उसके शरीर में समा जाएगी
और फिर बहुत देर तक नज़र नहीं आएगी।
1990

अन्त तक

उस क्षण तक जीने देना मुझको
जब मैं और वह प्रियंवदा
एक डूबते पोत के डेक पर
सहसा मिलें।
दो पल तक न पहचान सकें एक दूसरे को,
फिर मैं पूछूँ :
''कहिए, आपका जीवन कैसे बीता?''
''मेरा....आपका कैसा रहा?''
''मेरा...''
और पोत डूब जाए।

1957

शेष

सब कुछ बीत जाने के बाद
बचा रहेगा प्रेम
केलि के बाद शय्या में पड़ गयी सलवटों सा,
मृत्यु के बाद द्रव्य स्मरण सा,
अश्वारोहियों से रौंदे जाने के बाद
हरियाली ओढ़े दुबकी पड़ी धरती सा
गरमियों में सूख गये झरने की चट्टानों के बीच
जड़ों में धँसी नमी सा
बचा रहेगा
अन्त में भी
प्रेम!

1990

प्रार्थना और चीख़ के बीच

जहाँ तुम थीं
अपने नाचते शरीर से
अन्तरिक्ष को प्रेम जैसे
एक संक्षिप्त अनन्त में ढालते हुए
वहाँ क्या मैं रख सकता हूँ शब्द—
उनका कोई संयोजन जो काव्य हो सके?
तुम्हारा मुक्त अकेलापन
आलोकित आकाश है
जिसे मेरी कोई कामना, कोई चीख़
छू भी नहीं सकती!
वहाँ अतीत एक किरण है
और भविष्य एक अचानक फूल :
शाखाएँ कुसुमित होती हैं मुद्राओं में
मुद्राएँ एक नीरव प्रार्थना हैं
और संगीत एक अकेलापन
चट्टानें फूल हैं और फूल चट्टानें
शरीर एक समुद्र
और समुद्र एक आकाश
और आकाश एक अकेली चीख़
और चीख़ एक सम्पूर्ण प्रार्थना।
मैं देखता हूँ
धीरे-धीरे पास आते अन्त को :
नदी एकाकार होती है समुद्र से अनजाने
जल लौट आता है
समय और कामना में—
पहली बार मैं पहचानता हूँ;
शब्दों के अवसाद में
प्रार्थना और चीख़ के बीच स्थगित
कविता
जो कहीं नहीं रखी जा सकती।

उसकी जगह शब्द

मैंने सोचा उसके अब वहाँ न होने से जो ख़ाली पर उससे अभी भी स्पन्दित जगह बची है वहाँ कुछ शब्द रख दूँ। मुझे डर था कि थोड़ी-सी देर बाद वह जगह उसे भूल जाएगी और हवा में सुगन्ध की तरह बचा हुआ उसके होने का वह स्पन्दन शान्त हो जाएगा। वह जगह फिर पहले ही तरह खाली हो जाएगी—उसे अपने कुछ देर के लिए उसकी उपस्थिति, उसके होने की आभा से भरे जाने की याद नहीं रहेगी। पता नहीं वह इस जगह को याद रखेगी या नहीं! पता नहीं इस जगह की याद में वह बची रहेगी कि नहीं! पर जगह पर शब्द कहाँ रखे जाएँगे? वे भी तो रहेंगे याद में ही! जगह को याद में रखे शब्द उससे जोड़ेंगे और फिर स्पन्दित होकर स्वयं भी ओझल हो जाएँगे। शब्दों के बाद वह न वह बचेगी, न जगह, न स्पन्दन। जो बचेगा उसके लिए शब्द कहाँ?

शहर के पार–मौत!

महीनों बाद लौटकर आता हूँ अपने शहर
और खुदी हुई सड़कें देखकर
शहर के पार चिल्लाता हूँ–मौत।
कोई नहीं सुनता
न कोई ध्यान देता है

एक मन्दिर के पास बैठा एक पागल
सूरज की ओर देखते हुए,
खिलखिलाकर हँसता है–

लँगड़ाती हुई एक लड़की
हाथ में पुस्तकें और कापियाँ दबाये
धीरे-धीरे लौटती है अपने घर की ओर
ऊँची इमारतों और भर्राते टैम्पो के बीच
वह निरन्तर चलती रहती है...
अपने घर के भारी दरवाज़ों
बूढ़ी माँ और छोटे भाई की ओर
और स्वर्गीय पिता की ओर
अपने युवा चेहरे पर अनन्त लिये
मैं चिल्लाता हूँ–मौत
बसों की प्रतीक्षा में
चाय की दूकानों पर बैठे लोग
गालियाँ देते हैं, ठहाका मारकर हँसते हैं–

परछी में धूप खाते हुए
बुढ़ापे से लगभग अन्धे बाबा के सामने
आकर फुदकने लगती है एक चिड़िया
बाबा ग़श खाकर गिर जाते हैं

कुरसी पर
और चिड़िया उछलकर
बैठ जाती है उनके कन्धों पर
मैं चिल्लाता हूँ—मौत!
तभी बाबा आँखें खोलते हैं
और पूछते हैं—क्या बजा है?

आसमान अपना नीलापन धीरे-धीरे छोड़ देता है।
पुराने अँधेरे में लिपटकर सोता है शहर।
ऊँची आवाज़ में चिल्लाता है एक मूँगफलीवाला
पास सोयी बहन सपने में खिलखिलाती है।
मैं भी मुसकराता हूँ।
खिड़की से ठण्डी हवा का एक झोंका आता है।
मैं डूब जाता हूँ नींद में
मौत से बेखबर और शान्त।

मन्दिर की छाया में पागल
धीरे-धीरे अकड़ता है
ठण्ड में।

1961

अन्त

मेरे जन्म से पहले मर गयी थी
देवताओं की बूढ़ी दुनिया,
और मैंने अपने बचपन से आज तक
बिना समझे सुने हैं
इस रंगारंग दुनिया के समाप्त होने की
कथाओं के आख़िरी हिस्से—
मैंने कभी नहीं चाहा कि इसे बचाऊँ
या अपने ढंग से बदलने में भिड़ जाऊँ,
मैंने कभी इसके लिए लड़ना नहीं चाहा
क्योंकि मैं हथियार चलाना नहीं जानता
और लड़ने में ऊब होती है,
और मैंने प्रार्थना करना भी नहीं सीखा....
मैंने दुनिया का कभी कुछ नहीं जाना
सिवा अपनी माँ की अक्लान्त करुणा
अपनी प्रेमिका के निबिड़ प्यार के,
मैंने कभी नहीं जाना कि
कुछ और भी है जो जाना जा सकता है...
...और ऐसा भी हुआ
कि कभी-कभी मेरी अबोध आँखों में
एक धैर्य आ गया
और मैंने रातों के पीड़ित गर्भों में
आकाशों को चीख़ कर रोते
और मरे हुए देवताओं को अपनी लौह करुणा में
विकल होते देखा
और ऐसा भी हुआ
कि कभी-कभी मेरी भुरकस आत्मा में
एक शक्ति आ गयी
और मैंने दिनों के प्रखर तेज़ में

आकारों और चट्टानों को
रक्तिम प्रसवसंगीत में
किलककर नाचते देखा
और अब ऐसा हुआ है
कि मुझे मालूम हो गया है
कि उस अनिवार्य अन्त में
जब मैं मरूँगा, हम समाप्त होंगे
तो हमारी पड़ोसी चीज़ों के ढेर
हिलकर मानवीय हो उठेंगे
और हमारी मृत्यु
चीज़ों के लिए एक सौन्दर्य होगी

1960

क्यों?

क्यों लगता है तुम्हें
कि तुम्हारा सुनसान भर जाएगा
रोशनी से,
एक उड़ती चिड़िया के
गिरते नीले पंख से,
पतझर के नीरव गान से–

आत्मा अपने एकान्त में
उधेड़ती-बुनती है देवता।
कीड़े हलके-हलके सरकाते हैं पृथ्वी।
फूल धीरे-धीरे खिलाते हैं आकाश।

एक खिलौने की तरह
उठाएगी तुम्हें एक दिन मृत्यु
और बिना तोड़े जस का तस
रख देगी
वहाँ जहाँ सुनसान होगा
न रौशन, न नीला, न नीरव–
देवताओं से दूर,
और पृथ्वी-आकाश से
अछूता।

1986

अन्त-2

एक दिन चुपचाप हो जाएगा अन्त
वैसे ही जैसे
सिनेमाघर में देर तक बैठने के बाद
जब तुम बाहर निकलते हो
तो मौसम अक्सर बदल गया होता है।
तुम्हें दुःख नहीं होगा
तुमने सुख का एक निचला स्तर
स्वीकार कर लिया होगा तब तक
और तुम्हारी चीख
ज़िन्दगी के लिए नहीं
चीज़ों के लिए हो गयी होगी।

हो सकता है
तब वसन्त हो
पर दैनिक एकरसता ने तुम्हें
इतना साहसी बना दिया होगा
कि जहाँ फूलों के अनगिन अग्निवन होंगे
वहाँ भी तुम कुछ नहीं देख सकोगे।

कोई अन्तर नहीं रह जाएगा
गर्मियों में तपती धूप
और तुम्हारे पुराने स्वप्नों में
तुम्हें दोनों से परेशानी होगी
तुम्हारे पास कोई भाषा नहीं
शब्दों की एक निष्करुण परम्परा-भर रह जाएगी
और भविष्य
एक भूले हुए विदेशी व्याकरण की तरह।

हो सकता है इतना सन्तोष तुम्हें हो
कि अन्त के बाद भी
तुम बच रहे हो।

[एक पतंग अनन्तमें में 'अन्त' शीर्षक से प्रकाशित]

ऐसे होगा अन्त

ऐसे होगा अन्त

दूब रहेगी वैसी ही हरी
आकाश वैसे ही छाया हुआ नीलाभ
चिड़ियाँ वैसी ही चहकती-फुदकती हुईं

सिर्फ़ दूब जानेगी कि
ओस की वह बूँद आज नहीं गिरी
आकाश को याद आएगा
एक शब्द जो ध्वनित नहीं हुआ
चिड़ियों भर को नहीं दीखेगा वह प्रफुल्ल कुसुम

ऐसे होगा अन्त

1987

गली में

सूर्य का स्वागत करता हुआ
अँगड़ाई की-सी मुद्रा में एक कुत्ता,
चक्का चलाने की होड़ में भागते दो बच्चे,
जो अब नहीं हैं उन दिनों के ख़्याल में
डूबा हुआ एक चेहरा,
सिगरेट और करुणा के बीच संयमित
एक पुरानी हवेली का अँधियारा भाग,
और उसकी ओर जाती हुई एक अधेड़ स्त्री,
माँ को पुकारता रोता एक गँवई बच्चा,
उसे देखती एक बच्ची और
पिछले दरवाज़े से पनघट जाती एक औरत,
गोधूलि में एक चूड़ियोंवाली,
भाफ का बादल और एक मज़दूर औरत,
धूपवलयित बरगद की जड़ों पर बैठकर
जंगल निहारते दो बच्चे,
उढ़के हुए भारी लाल दरवाज़े पर पड़ती
एक काली छाया,
लोकनर्तकों के दल से अलग
अनमनी-सी खड़ी एक लड़की—

उसने याद किया
यह सब
और पापपुण्य की पुरानी खूँटी पर
उतारकर रख दी अपनी ज़िन्दगी
कोई दूसरा आया
और उसे पहनकर गली में खो गया

1988

हाथ में

जानता हूँ यह सब मेरे हाथ में नहीं है :
यह पक्षियों का
पूर्वजों की तरह
घर के आसपास रखवाली करते हुए घूमना,
पीली पड़ने से पहले
उस हरी पत्ती का
सूर्य के विरुद्ध सिर उठाना,
बारिश में उसे बूढ़े का
एक फटे छाते के नीचे घिसटकर
बादलों की ओर जाना।

मेरे हाथ में नहीं हैं ये शब्द भी,
जो अभी किसी अतल मौन से उभरे हैं
और अनन्त की गोद में खो जाएगे—
भागते दौड़ते लोगों की गठरियों से मैंने
उन्हें चुराया है
और पीछे छूट गये बच्चों की तरह
अभी थोड़ी देर में वे
झुण्ड में वापस चले जाएँगे—

हाथ में नहीं है जीवन भी
जो देर-सबेर होगा समाप्त—
मुझे ले जाएगी
राख की तरह उड़ाकर मृत्यु
यह दृश्य भी हो जाएगा ओझल—
बचेंगे सिर्फ़ शब्द ही
जो किसी के हाथ में न होंगे!

1987

एकदम से नहीं

एकदम से नहीं होगा अन्त

कुछ पहले तो बताया ही जाएगा
भले ऐसी भाषा में
कि हमारी समझ में न आये

हो सकता है तिनके की तरह
चोंच में दबाकर लाये चिड़िया
स्वर्ग का एक सन्देश
हरी पत्ती पर कोई इल्ली
लिख जाये हमारे लिए एक इबारत

किसी अँधेरे घर की अलमारी में
सदियों पहले रखी गयी पाण्डुलिपि में
रखा हो सूखे फूल की तरह

हमारी नियति का आशय
भविष्यफल में नहीं होगी खबर आनेवाले अन्त की
न ही दाल में पड़े कम नमक को कोई अन्दाज़ा होगा
पर खोजने पर ज़रूर मिल जाएगा
किसी गहन गुफा के अन्दर चट्टान की तरह छिपा वह शब्द
जो अन्त का रहस्य होगा
एक बार तो दस्तक होगी

दरवाज़ा खुलने के पहले,
आवाज़ रुँधने के पहले
एक बार तो होगी चीख़ या पुकार

एकदम से नहीं होगा अन्त

1988

मैं चला जाऊँगा

अब मैं चला जाऊँगा
धीरे-धीरे उतरूँगा
तुम्हारे बन्द दरवाज़े की सीढ़ियाँ—
अँधेरे और कचरे से भरी
गली से होता हुआ
मैं वापस चला जाऊँगा
शब्द सारे सूखी पत्तियों की तरह
बिखरे पड़े हैं
और उनकी मोटी तह पर
गिर रही है बारिश
गली के मोड़ पर
रखवाली करता देवता भी खिसक गया है
अवसर पाकर

मैं अपने खाली हाथ
और भरा हृदय लिये हुए
लौट जाऊँगा अपने अँधेरे में
जहाँ कविताएँ
दीयों की तरह जलती-बुझती रहती हैं

सब कुछ साफ़ हो जाएगा
जैसे काँच के शीशों पर
जमी बारिश की बूँदें और कचरा
जो थोड़ी-सी जगह थी
पट जाएगी
और चीज़ों से

किसी को याद भी नहीं रहेगा
कि अभी थोड़ी देर पहले
मैं था वहाँ—

कोई निशान नहीं होगा बाकी
जैसे पत्ती झरने के बाद
धीरे-से फूटता है नया किसलय
और वृक्ष को भी याद नहीं रहता
कि वह एक पत्ती थी जो अब नहीं है।

मैं वापस चला जाऊँगा
अपने अँधेरे में
कविताओं की लौ को
थोड़ी देर
बुझने के पहले
उकसाता और बढ़ाता हुआ
मैं उतरूँगा
सीढ़ियाँ
पुरानी बावड़ी की
और बैठा रहूँगा
जल के किनारे
चट्टानों के गझिन पड़ोस में
एक पुराने पक्षी की तरह
स्थिर और जड़।

फिर मैं चला जाऊँगा
ऐसे कि जैसे कभी था ही नहीं।

1988

शायद

शायद यही हो :
ठीक वक़्त पर घण्टी न बजे,
दरवाज़ा न खुले–
कोई आवाज़ न आये
भयावह जंगल के अँधेरे में,
कोई दूकान खुली न मिले
आधी रात की रौशन सड़क पर,
कोई बच्चा न जाये पढ़ने
दूर पहाड़ी गाँव के स्कूल में,
बारिश में कोई रोगी या बूढ़ा न निकले बाहर,
बच्ची वापस न करे
पड़ोसी के घर से चोरी से उठा लायी
कहानी की किताब–

और शायद यह भी न हो

सब कुछ हो रंग-रौग़न
भीड़, आतिशबाज़ी
चकाचौंध और तालियाँ
प्रशंसा से लबालब आँखें
फूलमालाएँ और आगे के लिए निमन्त्रण–
एक बूढ़ा उठाये अपने हाथ
प्रणति में पुराने मन्दिर के कीचट अँधेरे में
एक बच्चा अपने आँगन की हरी घास में
रेंगते कीड़ों को पकड़कर जमा करे माचिस की डिब्बी में

हो सकता है यह भी न हो
और एक पुरानी तराजू में तौला जाए

संशय को और प्रतीक्षा को
और नये सिक्कों में ढल जाए धीरज :
हम सबको
डाल दिया जाए किसी गोदाम में
सदियों तक बाहर न आ पाने के लिए

1988

बहुरि अकेला

[कुमार गन्धर्व के लिए एक विदा गीत शृंखला से 14 कविताएँ]

1

कर्टेनिंग एवरीथिंग विद एबसेन्स

—राबर्तो हुआरोज़

हरे-भरे खेतों के बीच जो जगह छोड़ दी गई है
अँधेरी सुरंग में कहीं झिर आये प्रकाश के चकत्ते की तरह वहाँ
एक ओर गाँजा पीते धूनी रमाये जोगी का डेरा है
और दूसरी ओर श्मशान जहाँ रोज़ चार-छः चिताएँ सजती जलती हैं।
जीना बेढब रहा हो और मरना बेतरतीब
पर अन्त्येष्टि होती है सुघर
छुटकारे का सामूहिक व्याकरण बेचूक विन्यस्त होता है।

दिवंगत के बारे में बीच-बीच में ज़रूर कहते हैं कुछ लोग
पर अधिक समय रोज़मर्रा की बातों में ही गुज़ारते हैं
हाशिये पर रहता है अन्त कितने ही अन्तरंग का क्यों न हो,
बीच में रहता है देर हो जाना,
इसका या उसका शवयात्रा में न जाना,
अतिक्रमण हटाने में की गयी ज़्यादतियाँ या मेडिकल कॉलेज में
ऐन वक़्त पर न मिला दाख़िला।
कितना भी बड़ा हो मरना वह हारता है
हर बार
जैसे तैसे टुइँयाँ-जैसे भी जीने से।
जीना अनेक तुच्छताओं में जीना है।
जीते हुए हम लगातार पिण्ड छुड़ाते चलते हैं
उनसे जो मर जाते हैं।

3

टूटी हुई सीढ़ियाँ बावड़ी में नीचे पानी में डूबी हुईं
सूर्यास्त में समाप्त हो गया एक प्राचीन गलियारा
सूखी पत्तियों के ढेर में ढँका हुआ एक बुझा-बिखरा चूल्हा
अपने काग़ज़ों में पीली पड़ गई एक पुस्तक
अन्तरिक्ष में भटकता हुआ किसी लुप्त भाषा का एक जर्जर शब्द
किसी बुढ़िया की धुँधलाती याद में बची रह गई कोई
नटखट हरकत
आत्मा के पुराने घाव की तरह सहमा रह गया
मकान के गिरते पलस्तर का एक चित्रित चकत्ता
पुलिया के नीचे बहते बरसाती पानी में रेंगते कीड़ों का आर्तनाद
आकस्मिक अवसान के पड़ोस में सहमा-सा गया जन्मदिन।
पत्तियों सीढ़ियों शब्दों दुःखों घावों के शिल्प से
जो रचा जाता है सरल-सा दीखता जीवन
मृत्यु उसे पूर्ण कर देती है और
जिज्ञासा के बाहर।

6

यह सयानी होती ढीली पड़ती त्वचा में
नवजात-सी कँपकँपी क्यों?
पतझरे वृक्ष की किसी दिगम्बर शाखा पर
एक किसलय की हरी सुगबुगाहट कैसी?
यह मृत्यु की खोखली आँखों में
जासूस की तरह
ताक-झाँक करता जीवन कहाँ से?

7

यह जो नहीं दिखता धुँधलके में
यह जो कुहरे में ओझल हो जाता है

यह जो दूर किसी खिड़की से झाँकता है
यह जो भीड़ में देखते-देखते ग़ायब हो जाता है
यह जो दूर किसी कन्दरा में अपने को सदियों से
घुटनों में छुपाए बैठा है
यह जो बचपन की किसी दुष्टता के बाद फिर कभी नहीं दिखा
यह जो विषाद की आभा में कभी कभार झलकता है
यह किसका चेहरा है किसकी छबि है–
समय उन्हें उकेरकर क्यों भूल जाता है?

अर्द्धचन्द्र नारंगी फूल को चुगती नीली चिड़िया
स्कूल से जल्दी लौटते बच्चे
नौकरी से निकाल दी गई कामचोर महरी
आँगन में बिसूरती बुढ़िया और शाप से ठिठके देवता
घास में अदृश्य कीड़ों की तरह रेंगते अयाचित वरदान
अनाज और अंगड़-खंगड़ से पटे कमरे में
दिवंगता माँ की दैनिक पूजा-अर्चा
खुले आकाश-तले धुर दोपहर में चट्टान पर की गई केलि
सड़क पर बेवजह बहता और सूख गया पानी
बिजली के तार में उलझी फड़फड़ाती कटी पतंग
पुलिया पर बैठा भले भविष्य की सम्भावना से निराश सयाना
चेहरा
स्कूली बस्ते में चुपके से चुरा लाई गई जासूसी कहानी की
किताब
यादों का इतना सारा बोझ लिए
हम कहाँ जाएँगे?
कहाँ है वह भरोसेमन्द ताक जहाँ इन्हें रखकर
इत्मीनान से
आगे चले जाएँगे?

8

यह विलम्बित चीज़ों का संसार
दोपहर का आलस्य अपने चेहरे पर लिए हुए

यह समय का हल्का-सा झुकाव
यह हृदय की पुरानी दुकान में
बिकने से बचा रह गया पुराना मरहम
यह दिवंगत की मेज़ पर पड़ा हुआ खाली रोज़नामचा
यह घुटने-घुटने कोशिश कर
अर्थ को न छू सकने की सहमी हुई विफलता
यह अधूरा रह गया हिसाब
यह अधबीच में तज दिया गया जमा-ख़र्च
यह ढलान पर थकान
यह अँधेरी दोपहर में और बढ़ता लम्बा और ठण्डा होता जाता
अँधेरा
यह खिड़की पर
दरवाज़े पर
दालान और आँगन में
सिमटती और ओझल होती प्रतीक्षा
यह ढुलकने के पहले सूख गया आँसू
यह दीवार पर सीलन के धब्बे...

10

जैसे सूर्योदय बुलाता है
कलरव ओस हल्की-सी ठण्ड
उषा की केलि को
वैसे ही पुकारती है
एक की मृत्यु
दूसरे के जन्म को–
तिल-सकट कच्चे दूध में पड़े तिल
माघ की ठण्ड में हुए शुभारम्भ को–
एक जन्म ही नहीं फुँकता
एक जीवन की ही नहीं होती अन्त्येष्टि
कुछ और जन्म भी झुलसते हैं
कुछ और जीवन भी सरकते हैं
अन्त की ओर...

जो होने न होने को गाता है
उसी का होना अन्ततः मौन है
उसी का न होना शान्ति।

हम अपनी चुप्पी के पार
एक पुकार सुनते हैं
और अनसुनी करते हैं।

जो जाता है
थोड़ा-थोड़ा हमें भी ले जाता है
और इसलिए कभी
पूरी तरह से नहीं जाता है।

12

कौन-से प्रतीक, कौन-से रंग
कौन-सा समय
चुनती है विदा?

अपनी विजड़ित आभा में स्थिर चट्टानें
दिन को डूबने से थामे हुए गिरिमालाएँ
अँधेरे में गाने की इच्छा-सा ठहरा हुआ सन्नाटा
वनस्पतियों में निर्बाध चमकती हरीतिमा
भोजन के बाद बचे-खुचे से सजी थाली
कुनकुने पानी से भरी छलछलाती बाल्टी
साँकल बन्द करने को उठा हाथ
नींद की नीरव निस्स्वप्न घाटी की गहरी चुप्पी
चिड़ियों को ख़बर लगने के पहले का अर्द्धजागरण
—कौन कब अचानक
कह देगा
अलविदा?

विदा
अपूर्णता से
किसलयों कुचाग्रों केलि से
शब्दार्थ मौन रूपकों से
गान धैर्य अजात पौत्र से
सगुण निराकार से
अँधेरी निर्जन सड़क पर सुबह के आदमी से
मसाला पीसती बार-बार झार से आँसू पोंछती औरत से
विदा
देवताओं के पाखण्ड और ब्रह्म-प्रपंच से
विदा ककहरे से
विदा अक्षराम्भ और अधूरे वाक्य से
हुआ-होगा-होता से
हर सर्वनाम से
क्रियापदों के झुण्डों बवण्डर खिड़की के काँच से
गिलहरियों की धूप और चिड़ियों के आकाश से

विदा का कोई समय नहीं है
हर क्षण विदा है
जो बीतता है
विदा लेता है
अकसर बिना जाने भी।

14

कैसा कहाँ है वह घर?
किस मुहल्ले में,
किस पहाड़ी के नीचे,
किन लतां-गुल्मों से घिरा?

किसका घर?
उसका घर?
हमारा घर?

पूर्वजों या अनजानों की किस बस्ती में?
किस सुर के स्वराज में?
किस शब्द के शहर में?

सब-कुछ छोड़कर
सभी राजों-शहरों
बस्तियों-मुहल्लों के पार
शून्य के पड़ोस से
हम किस
कहीं-नहीं के घर में
अग्निपथ से
भस्म होकर
रहने आते हैं?
इतनी सारी खिड़कियों,
दरवाज़ों,
आँगनों-ओसारों के
किस घर में
देवताओं-वनस्पतियों से अलक्षित
भाषा और कीड़ों से दूर
पाप-पुण्य से अस्पृश्य
अग्नि-पताकाओं से घिरे
हम प्रवेश करते हैं?

15

वह आग का घर
लपटों और धुएँ का घर
राख और अस्थियों का घर

वह आँसुओं हिचकियों का घर
चीख़ और आर्तनाद का घर
विषाद का घर

वह मुक्ति का घर

अवसान का घर
अनुपस्थिति का घर

वह स्मृति का घर
सब-कुछ पीछे छूट जाने का घर
न लौटने का घर

विराम का घर
विलय का घर
विलोप का घर

पुष्पागम से पहले का घर
अन्त का घर
अनन्त का घर

नेति का घर
नहीं का घर
न होने का घर
घर और घर नहीं।

16

हम यमद्रुम के नीचे
फाहा-फाहा उड़ते समय से पूछते हैं–

हम यवक्षा नदी की तीर्थशिला पर उतरते हुए
शुभानन ऋत्विक् से जिज्ञासा करते हैं–

हम नैमिष के अरण्य में
निचान पर खिली रूपमंजरी से जानना चाहते हैं–
हम अवाङ्मुख देवता के सम्मुख
हाथ उठाए चीख़ते हैं

हम शून्य शिखर पर बजते अनहद पर कान लगाते हैं–

उसका ठिकाना
जो था
और अब नहीं है
जिसके न होने के लिए
कोई शब्द और रूपक नहीं हैं–

फिर यह क्या है
हमें घेरता हुआ
हृदय के अँधेरे नीलाचल में
नेवर की तरह बजता हुआ,
गूँजता हुआ,
लिखा जाता हुआ
शब्दों के बीच मौन-सा
खिलता हुआ?

यह निराकाश
निरातप
निःसंख्य निःशून्य
सुतपा के चेहरे वाला
कौन है?

17

वह आग की गरिमा तक
आकाश की पवित्रता तक
पृथ्वी के शस्य तक
उठता है
अपने रक्त से
अपनी त्वचा से
अस्थियों-मज्जा से

अपने एक फेंफड़े से
अपनी आवाज़ से अपने गान से अपने नाम से।

कहाँ भटकता है
बवण्डर-सा बयार-सा
गुनगुनाहट-सा गन्ध-सा
वह नाम?

समय कहाँ लिखेगा उसका नाम?
बार-बार मिटने-बनने वाले इतिहास में,
बारिश से लदी हवा पर
किस गगनमण्डल में
किस भविष्य-बही में
किस जर्जर पोथी में
किस अदृश्य देववृक्ष के तने पर
किस शैव चट्टान पर?
समय कहाँ लिखेगा उसका नाम?
वह आगे निकल गया
हम, समय,
जीवनव्यापार सब पीछे छूट गए
पीछे छूट गए अक्षत-दूर्वा
औषधियाँ, स्वाद
सारा रससम्भार।

जो बचा है
उसी को जोड़-बाँधकर
अधजले ठूँठ अविन्यस्त शब्द

रागस्मृतियाँ दीवार पर क़तार से चलती चींटियाँ
ताक पर धरे सन्दूक, बरामदे में अकेला रह गया झूला
अब अनुपस्थिति की संज्ञा बन गया नाम
इन्हीं सबको एकत्र कर
हम फिर से गढ़ते हैं
एक संसार और

निराशा के कर्तव्य की तरह
उसे पुकारते हैं;
जीवन।

19

खण्डहर की दीवार पर उग आई घास
धरती का हरा संकेत
कि समय हो चुका
मिट्टी में वापस आने का।

होने की अवधि है
रंग है
मोड़ और उतार है
न होना निरवधि, नीरंग।

समय
किसी बगीचे में पेड़ की डाल पर बैठे
तोते की तरह कुतरता रहता है
होने को—
न होने में समय की आहट तक नहीं।
समय दे रहा है दस्तक
उस घर के दरवाज़े पर
जिसमें अब कोई नहींरहता।
समय अपना भिक्षापात्र लिए खड़ा है
उस द्वार के बाहर
जिससे अब किसी को बाहर नहीं आना है।

अब समय नहीं है
न कोई पाथेय
न पैरों की थकान
न माथे पर पसीना।

देवमन्दिर तक चढ़ती सीढ़ियाँ
बलिपशुओं का आर्तनाद
मधसुरजा का
रक्तस्नात अन्त।
रक्त के दुपहरिया अँधेरे में
पत्थर की चीख
घास की पुकार
हरियाली का विलाप।

होना
पृथ्वी
न होना
आकाश।

20

इस बार
सब-कुछ वैसा ही है
जैसा पिछली बार था।

वसन्त के बावजूद ठण्ड बनी हुई है
बच्चे करते हैं इन्तज़ार
अपनी भर्राती स्कूल बस का,
देवता को क़ैद करने के लिए
खींची जा रही है एक नई दीवार,
अभिसार करने जा रहे हैं पक्षी वनप्रान्तर में
दरख्वास्तों और दस्तावेज़ों में फ़िजूल खर्च हो रहे हैं
अनगिनत शब्द,
बुड्ढे मिलने पर एक-दूसरे से करते हैं
मुहल्ले की रसभरी गप्पें,
अमर होने का बरताव करता आततायी
समय रहते भर रहा है अपनी झोली और कोठा,
अत्याचार की कभी तो हार होगी

ऐसी अबोध उम्मीद में लाचार बैठे लोग,
महँगाई के नाम पर घूस बटोरता बाबू,
अपने लालच को ऐश्वर्य में बदलता अफ़सर

ज़ोर से खींचने पर
टूट जाता तसमा,
जुन्हाई को जोहार करता जुठिहारा,
अँधेरे में अब न चमक सकने वाला तितिभ,
दुर्ग में अप्राप्त रहस्य,
सूने कमरे में घबरा देनेवाली आहट,
पकते बेर,
प्रसन्न खिली आम्रमंजरी,
पलाश में सुगबुगाती पहली पुष्पशिखाएँ—

सब-कुछ वैसा ही है
मानो कि कुछ हुआ ही न हो
या कि असंख्य में से सिर्फ़ एक घट गया हो।

21

यह अभिषेक का समय है
जीने के धूल-धक्कड़
मैल-कलुष को तजने का
समय।

समय हवा की तरह हल्के होने का
जो कुछ किया-धरा
उसे ज्यों का त्यों
उतारने का
समय।

पल्लव कुसुम को
पककर गिरने को

मधुसंचय
प्रस्फुटन को
भूलने का
समय।

शब्द को
सुघर विन्यास को
छन्द-प्रास को
प्रणति की तरह
अज्ञात के सामने अर्पित करने का
समय।

निछान प्रतीक्षा का समय
प्रार्थना के बाद यति का समय
साँकल खोलने
कीचड़-सने जूते उतारने
छाता और लाठी कोने में धरने
गुनगुनाते
यात्रा पर निकलने का
समय।

अन्त का समय
आरम्भ का समय।

पिता के जूते

एक पैतृक वृक्ष है
नीले अनन्त के किसी ढहते हुए चबूतरे के पास
छाया हुआ जड़हीन,
और उसके नीचे रखे हैं वे काले जूते
मरे हुए चमड़े के,
कुछ पसरे हुए जीवित पैरों के दबाव से
जो अब नही हैं।

पैर नहीं हैं
और न ही वह आदमी
जो उन्हें उस कोने में रखकर
चुपचाप चला गया
किसी और चबूतरे पर बैठकर
आगे की यात्रा तय करने के लिए।

वृक्ष पर फुदकने वाली रंगीन चिड़ियाँ
अलक्ष्य करती हैं
उन खाली जूतों को
पर रंगहीन वृक्ष डालता है
अपनी किसी शाखा की पतली छाया उन पर
धूप से उन्हें बचाने के लिए नहीं
बल्कि उन्हें धीरे-से जताने के लिए
कि उसे याद है कि वे वहाँ हैं।

जूते कोशिश करके भी याद नहीं कर पाते
उन पैरों को जो उनमें थे।

वे सपना देखते हैं नन्हे पैरों का
जिनके लिए वे हमेशा बड़े साबित होंगे।
1978

बच्चे

बच्चे गा रहे हैं
चट्टान के पार से
नीले के परे
आराम करते पुरखों को पुकारते-जगाते हुए

बच्चे फेंक रहे हैं
एक गेंद
मृत्यु के पार
इस उम्मीद में कि पिता
वापस भेजेंगे

बच्चे उड़ा रहे हैं
एक पतंग
अनन्त में
जानते हुए कि माँ
उसमें खिलौने लटकाकर लौटाएगी

बच्चे खेल रहे हैं
अपने निरन्तर होने
अमर होने का एक अन्तहीन खेल
पुरखों के साथ
और मृत्यु को पराजित करते हुए
बच्चे गा रहे हैं...

1978

ईश्वर

थिगड़े-लगे आकाश को पहने
नक्षत्रों के सूने गलियारे में
पृथ्वी को भजते हुए
वह एक बूढ़ा कवि है–
अभी भी इस आशा में
कि नश्वरता से बचा सकते हैं
शब्द।

1985

पूर्वजों की अस्थियों में

हम अपने पूर्वजों की अस्थियों में रहते हैं–

हम उठाते हैं एक शब्द
और किसी पिछली शताब्दी का वाक्य-विन्यास
विचलित होता है,
हम खोलते हैं द्वार
और आवाज़ गूँजती है एक प्राचीन घर में कहीं–

हम वनस्पतियों की अभेद्य छाँह में रहते हैं
कीड़ों की तरह।

हम अपने बच्चों को
छोड़ जाते हैं पूर्वजों के पास
काम पर जाने के पहले।

हम उठाते हैं टोकनियों पर
बोझ और समय।
हम रूखी-सूखी खा और ठण्डा पानी पीकर
चल पड़ते हैं,
अनन्त की राह पर
और धीरे-धीरे दृश्य में
ओझल हो जाते हैं
कि कोई देखे तो कह नहीं पायेगा
कि अभी कुछ देर पहले
हम थे।

हम अपने पूर्वजों की अस्थियों में रहते हैं–
1986

हथेली पर सिर

अपने ही रक्त के
गहरे लाल में डूबा हुआ
रामझरोखे से सबका मुजरा लेता
एक निरंजन चेहरा।

वह कहना चाहता था–
लेकिन सुनने के लिए साधु नहीं थे।

उसने तनना-बुनना छोड़ दिया
लेकिन दक्षिण कूट से अलग
एक फुँका हुआ घर था प्रेम नहीं घृणा का
और पीड़ा की प्राचीन कगारों पर
पैड़े लगे हरि को भूलना कठिन था।

पुराने बुर्जों और ढहते मन्दिरों के पीछे से उमड़ती भीड़ से
बचते हुए
मैं अपना सिर काटकर हथेली पर रखने को तैयार हूँ–
लेकिन पूछता हूँ राम से
कि उसकी हथेली पर
क्या उसका सिर है?

1979

अनुपस्थिति

चौंदहवीं शताब्दी के अपने इस कमरे की खिड़की से
जब मैं सामने की ओर झाँकता हूँ
तो सामने के चैपल की एक हमेशा खुली खिड़की से
लगता है दो आँखें एकटक घूर रही हैं–
बिना पहचाने मैं उन आँखों को,
जिन्हें शायद मैं दिन-दहाड़े एक दुस्स्वप्न में ही देखता हूँ,
नाम देना चाहता हूँ : ईश्वर।

रात देर गये
जब आवाज़ें, अँधेरा और समय सब सो जाते हैं
जब मृतात्माएँ भी ऊबकर चली जाती हैं
जब नींद और मौत में फ़र्क करना मुश्किल होता है
सपने की तरह धीरे-धीरे बेआवाज़ कदमों से चलता हुआ
जो भी कोई आता है
मैं अपने भय का द्वार खोलकर उससे पूछना चाहता हूँ : ईश्वर?

यहाँ कोई पुकार, कानाफूसी, आर्तनाद या हँसी नहीं
यहाँ कोई झलक, झाँकी नहीं
यहाँ कोई प्रार्थना, कोई शोभायात्रा, कोई विरह-मिलन नहीं
यहाँ अनुपस्थिति को नाम देते हुए
मैं, एक अधेड़ पथहारा कवि, बरबस चीखना चाहता हूँ :
हे ईश्वर!

1994

अनुपस्थिति-2

हम एक दिन ईश्वर के घर गये। उनसे वैसे कोई खास पहचान नहीं थी पर इतना नाम था उनका मुहल्ले में कि सोचा जब यहीं रहते हैं तो सौजन्य के नाते मिल आना चाहिए, कम से कम एक बार तो। वे वहाँ बहुत पहले से रहते हैं। बल्कि लोग तो यह मानते थे कि वे ही वहाँ सबसे पहले आये थे। उनका घर भी बहुत पुराना था हालाँकि अब हर साल उसमें कुछ रंगरौगन लग जाता है। तो जब हम पहुँचे तो खासी भीड़ और शोरगुल था : कनफोड़ संगीत भी, अधिकतर बेसुरा। लोग आपस में अधिक मिल रहे थे, उनसे बात करने, लगता था कि कम ही आये हैं। हमें प्रतीक्षा करना पड़ी क्योंकि उन तक सीधे पहुँचना आसान नहीं था। और जहाँ हमें खड़े होने को मुश्किल से जगह मिली थी वहाँ से वे दीख नहीं रहे थे। जब हमारी बारी आयी और हम पास पहुँचे तो हमने पाया कि दरअसल वे वहाँ हैं ही नहीं। हो सकता है कि बाकी सब को नज़र आ रहे हों और हमसे ही ओझल हो गये हों। इस रहस्य से या कि अपना ही भंडाफोड़ न हो जाये इस डर से हम चुपचाप वहाँ से चले आये : इतने सारे लोगों को, जो आँखें झुकाये उनकी ओर जा रहे थे, अपनी-अपनी चिन्ताओं में डूबे हुए, हम किस मुँह से बताते कि वे वहाँ नहीं हैं। हो सकता कि वहीं सैर करने गये हों या कि कहीं कोने पर छुप कर हमसे लुकाछिपी खेल रहे हों। हम एक दिन ईश्वर के घर गये।

1990

[**कहीं नहीं वहीं** में 'अनुपस्थिति' शीर्षक से प्रकाशित]

ईश्वर के घर में

1

कौन जानता है कि यह उसका घर है
यहाँ जो छूट गया लगता है
प्राचीनता, रहस्य और भय
निर्जनता
क्या उसके यहाँ रहने के अवशेष हैं?
या कि यहाँ उसके सामान में अँट न पायी चीज़ें?

2

यहाँ शान्ति है
पर अभय क्यों नहीं?
यहाँ सुनसान है
पर शब्द के पहले का मौन क्यों नहीं?
यहाँ जमा हुआ अँधेरा है
पर रौशनी के बाद का क्यों नहीं?

3

यहाँ सब अपने क्रम से आते हैं
दिन रात शिशिर हेमन्त
गर्मियाँ और जाड़े
सैलानी, बूढ़े और रंगीन चिड़ियाँ
अरण्य-रोदन

वही क्यों नहीं आता
स्वयंभू स्वयंदीप्त–

4

उसके घर में कीड़ों की पंक्तियाँ
लिखती हैं इबारत जीने की
समय झरता है दीवार से गारे की तरह
अपनी अधेड़ ऊब के साथ
हम उसकी नहीं काल की प्रतीक्षा करते हैं

5

उसे घर क्यों चाहिए?
प्रार्थना, अर्चना,
दीवारें,
समय का इतना प्राचीन विस्तार,
शब्द, उपस्थिति और संशय,
उस निराकार निर्गुण को
घर क्यों चाहिए?

6

उसे होने के लिए,
आराम और सुख के लिए घर चाहिए
उसे पूरा-पड़ोस, पनघट-दूकान चाहिए
उसे परिजन चाहिए, पता-ठिकाना चाहिए,
उसे नहाने के लिए थोड़ी सी जगह
प्यास के लिए बरतन,
पानी, आग और रसोई चाहिए–

(7)

वह यहीं कहीं गाता है
यहीं कहीं कम्बल ओढ़कर धूप में बैठता
अपनी रोटी सेंकता है
यहीं इस गली से होकर
उस घर की ओर जाता है
वह यहीं कहीं से पुकारता है
वह
यहीं
कहीं

1994

देवता

कोई मन्दिर नहीं था : पुराना टुटहा देवाला भी नहीं। न कोई चौंतरा या सिन्दूरसना पेड़। कोई भव्य शान्ति भी नहीं थी वहाँ। पर गुदड़ियों से अपनी अदृश्यता को ढाँके या छिपाये देवता था। बूढ़ा-पुराना-सयाना। धीरोदात्त सिर्फ़ किसी पुराणगाथा में उल्लिखित, पूरी तरह से तजा और भुलाया जा चुका और सर्वथा अनुपासित देवता था। इमली के पेड़ के नीचे खेलती दो बच्चियों ने उसे देखा तक नहीं था। वह न खेल के योग्य था, न दया के। पता नहीं किस मन्त्रपूत क्षण में उसका उद्‌भव हुआ था। होने के बाद न होना देवता के बस में न था। इसलिए यद्यपि कुछ नहीं बचा था न पहचान, न अर्चना, न शक्ति, न अभिशाप-वरदान, देवता था बचा हुआ। निश्शेष हो जाने की दैवी असमर्थता के कारण।

1990

रात देर गये

रात देर गये
मैं ईश्वर की मेज़ साफ़ करूँगा
बूढ़े निर्विकार वे बैठे होंगे
मैं उनसे पूछूँगा कि
खाने के बाद कॉफ़ी पिएँगे?

रात के और गाहक
जा रहे होंगे,
मेरे सिवाय उन्हें
कोई नहीं पहचान पाएगा।

शोर, आपाधापी
बर्तनों की आवाज़ें, फुसफुसाहटें
सब थम चुके होंगे
सिर्फ़ पुराने फ़िल्मी गाने बज रहे होंगे
जब वे न जाने कहाँ से आएँगे।

मैं रसोइये को भी नहीं बताऊँगा
उन्हें वही खिलाऊँगा
जो सबके लिए बनता है।

वे चटोरे नहीं होंगे
और खाना बनाने का उन्हें
कोई अभ्यास नहीं होगा
न वे ढाबे की उस कोने की मेज़ का
बुरा मानेंगे
आखिर उन्हें संसार बनाने बिगाड़ने का
अनुभव है,

मेज़ या खाना जैसी चीज़ों का नहीं!

मैं मौक़ा पाकर
जब वे उदास से लग रहे होंगे
उनसे ग़प लगाने की कोशिश करूँगा :
मैं उन्हें शहर के क़िस्से बताऊँगा–
उनसे पूछूँगा संसार का हाल और
देवताओं की दुष्टताओं, नक्षत्रों के कक्षाओं से बहकने,
प्रलय की तैयारी,
स्वर्ग की नीरसता आदि के बारे में।

मैं उन्हें अगले दिन
थोड़ा जल्दी आने की
बिनमाँगी सलाह भी दूँगा

वे जब चले जाएँगे
तो एक बार फिर
उनकी मेज़ साफ करूँगा।

1990

अनादि-अनन्त

एक था अनादि, एक था अनन्त। अनादि को शुरू में रहना पसन्द नहीं था, अनन्त को आखिर में। पर अगर शुरू न हो तो आखिर नहीं हो सकता था। बीच का मामला उलझा हुआ था : शुरू न हो, आखिर न हो तो बीच कैसे कहाँ हो? होना सब चाहते थे पर कहाँ यह तय नहीं हो पा रहा था। एक बार अनादि ने सोचा कि जो अनादि है वही तो अनन्त होगा। अनन्त को लगा कि जो अनन्त है वही तो अनादि होगा। दूसरे की ज़रूरत नहीं जान पड़ती हरेक को ऐसा लगा। पर दूसरा न हो तो पहला कैसे हो? यह सिर्फ़ संख्या का तर्क नहीं था। बीच की वैसी ही दुर्गति थी : उसे दोनों नहीं पूछते थे। एक दिन अनादि और अनन्त ने सोचा, ऊबकर कि छुकछुक गाड़ी का खेल खेलें : एक दूसरे के पीछे हो लिया और वे गोल घूमने लगे– तब से अनादि के पीछे अनन्त के पीछे अनादि के पीछे अनन्त के पीछे अनादि के पीछे अनन्त खेल रहे हैं, अपनी ठीकठीक जगह न हो पाने की ऊब मिटाने के लिए।

1990

शुभस्रवा

एक ठो नदी का नाम : शुभस्रवा। उल्लेख पुराण में प्राचीन नदी : पता नहीं किस वनप्रान्तर में बहती है। कैसी वनराजि है उसके तट पर : कौन सी निर्झरणियाँ उसमें आकर लीन होती हैं। कहाँ है उसका उद्‌गम : कितना सूक्ष्म और लगभग अलक्षित। आरम्भ में क्षीणतोया। धीरे-धीरे नदी का आकार लेती हुई। जल भरी, जलवनस्पतियों भरी मछलियों भरी। स्वरपूरित और रूपतरंग से उच्छल। बचपन की नदी : प्राचीनों के यहाँ युवा नदी। देवताओं से अस्पृश्य नदी। भूगोल से अछूती नदी। सिर्फ़ शब्द की नदी। शब्द संचय से बनी नदी। पवित्र और उज्ज्वल के पास से बहती और लोप होती नदी। शुभस्रवा पर अनामिका नदी। देवशिशु की पोथी में थम गयी नदी। असम्भव, अन्तःसलिला, लुप्त नदी। शुभस्रवा में नदी : हर नदी में नदी। पुराण से बहकर इन शब्दों तक आती नदी : शुभस्रवा।

1990

ब्रह्मारण्य

वह सबसे अन्त में था। शब्द छूट गये, स्पर्श जाता रहा। रूप तिरोहित और रस का लोप हो गया। गन्ध भी नहीं बची। छूटने के उपायों की खोज में हम उस अरण्य में पहुँचे : वह ब्रह्म का अरण्य था। ब्रह्म का जंगल, ब्रह्म का उजाड़। वायु थी पर त्वचा को पता नहीं चला। ज्योति थी पर आँखें देख नहीं सकीं। अन्धकार, रश्मियूथ, मेघ-घटाएँ, वर्षा और तारागण सब थे पर दीख नहीं पड़ा आकाश। उस आकाश का भी आकाश था। महाकाश। वह सबसे अन्त में था अरण्य और आकाश। हम अकेले वहाँ पहुँचे। पर अगर इन शब्दों में वह स्मृति अन्तरित करना सम्भव है तो हम वहाँ भी नहीं पहुँचे। सब कुछ पीछे छोड़कर गँवाकर सिर्फ़ शब्द लिये पता नहीं हम कहाँ पहुँचे। जहाँ पहुँचे वह ब्रह्म का अरण्य नहीं था। जब तक शब्द शेष है ब्रह्मारण्य तक नहीं पहुँचा जा सकता। हमने यह शब्दों में ही जाना। जब तक शब्द है ब्रह्म कहाँ, अरण्य कहाँ ?

1990

खजुराहो जाने से पहले

पत्थर सिर्फ़ पत्थर नहीं चेहरे होंगे
चेहरे सिर्फ़ चेहरे नहीं लोग होंगे
लोग सिर्फ़ लोग नहीं पत्थर होंगे

मैं कौन-सी आवाज़ें ढूँढूँगा
पत्थर की उन आकृतियों में
जो चुप रहेंगी कविताओं की तरह—
आवाज़ों की इस बहुत बड़ी दुनिया में
पत्थर भर है—जो चुप है
और मरे हैं या जीवित हैं,
मैं जो आवाज़ों को प्यार करता हूँ
उनसे घिरा हूँ
उनसे अपना छोटा संगीत बुनता हूँ
मैं वहाँ कौन-सी आवाज़ें ढूँढूँगा?

मेरे लिए तो सब नये होते हैं
और सब खोये हुए
और सब चुप
मैं सबको अपने लिए खोजता हूँ,
पाता हूँ—आवाज़ों से घेरता हूँ।

क्या मैं भी पत्थर की ओर लौट रहा हूँ?
गुलाबों और अँधेरों में से
संगीत में से
क्या लोग सिर्फ़ पत्थर की ओर लौटते हैं?

1959

'कुछ कविताएँ' पढ़कर*

दरवाज़ें पर दस्तकें हैं
और खिड़की पर अचानक खिल आया है
एक फूल
परछाइयाँ चीरकर आयी आवाज़ों का
एक चेहरा है...

शामों के डबडबाये हुए दिल हैं
और आकाश का सिमटा हुआ रंग
लोगों के पैरों की नरम-नरम आवाज़ें हैं
और उनमें से झाँकता हुआ एक चेहरा

बरसात में धुला गुलाब
एक लय है
—जिसे खिड़की ने सुना है
और वह सिर्फ़ हलका सोनल उजाला है
जिसे मैंने देखा है...

1959

*श्री शमशेरबहादुर सिंहके लिये

हुसैन के एक चित्र की अचानक याद

उजाले की दो गहरी लाल आँखें
मुड़ गयीं उस सड़क पर
जो मेरे घर के अँधेरे के पास से
गुज़रती है
तालाब पर सोये धुन्ध में
खिलखिलाकर एक भूरी हँसी
हँसता है कोई
पेड़ों की अँधेरी क़तारों के शिखरों पर
हँसता है कोई
घिरता जाता है आकाश—काला
—घर मेरा उभरता है, डूबता है
अँधेरे में, सड़क पर,
गहन लाल आँखों में छूटकर
एक मद्धिम पीली रोशनी में लगातार...

1959

चट्टान का एक चित्रित आकाश

कोणार्क और अजन्ता : कुछ कविताएँ

1

एक पुरातन हेम चक्र
अन्धकार को प्रतिदिन
रौंदता चला जाता है :
पत्थरों की उद्दाम धूप में
अवतरित होते हैं
राग-नृत्य
देवप्रणति
प्रखर समर्पण
और सबको ढाँकती
एक दिगम्बर प्रार्थना...

2

ऋतुचक्रों के पार कहीं
छाया है
एक अभिराम वसन्त
जहाँ खिले मुझ पर
अविरल
उसकी करुणा का रश्मिपद्म।

3

शताब्दियों के धूप और अँधेरों के सुनसान में
एक राग-प्रतीक्षा
पत्थर के संयम में

थरथराता हुआ
एक देवोपम पागलपन

4

चट्टान का एक चित्रित आकाश है
निश्शब्द।
उसकी दिगन्तहीन करुणा के आगे
नृत्यलीन पत्थर
किस पद्मस्पर्श की प्रतीक्षा में खड़े हैं?
दूर कहीं
पत्थर के हृदय में
गूँजता है
शताब्दियों से अनहद
एक पुरातन राग।

1966

मल्लिकार्जुन मंसूर

1

काल के खुरदरे आँगन में
समय के लम्बे गूँजते गलियारों में
वे गाते हैं
अपने होने के जीवट का अनथक गान

वे चहलक़दमी करते हुए
किसी प्राचीन कथा के बिसरा दिये गये नायक से
पूछ आते हैं उसका हालचाल

वे बीड़ी सुलगाये हुए
देखते हैं
अपने सामने झिलमिल
बनते-मिटते संसार का दृश्य

देवताओं और गन्धर्वों के चेहरे
उन्हें ठीक से दीख नहीं पड़ते
अपनी शैव चट्टान पर बैठकर
वे गाते हैं
अपने सुरों से
उतारते हुए आरती संसार की
वे एक जलप्रपात की तरह
गिरते रहते हैं—
स्वरों की हरियाली
और राग की चाँदनी में
अजस्र

वे सींचते हैं
वे जतन से आस लगाते हैं
वे खिलने पर निश्छल प्रसन्न होते हैं
वे समूचे संसार को एक फूल की तरह चुनकर
कालदेवता के पास
फिर प्रफुल्लता पर लौटने के लिए
रख आते हैं

वे मल्लिकार्जुन मंसूर हैं
वे धीर समय हैं
अविचल काल हैं
निश्छल हँसी हैं

वे बूढ़े ईश्वर की तरह सयाने-पवित्र
एक बच्चे की फुरती से
आते हैं—
उँगली पकड़
हमें अनश्वरता के पड़ोस में ले जाते हैं

2

अपनी रफ़्तार से चलते हुए
बहुत बाद में
आते हैं
मल्लिकार्जुन मंसूर
और समय से आगे निकल जाते हैं,
उलझनों-भरे घावों-खरोचों से लथपथ
टुच्चे होते जाते समय से
आगे,
उनके पीछे आता है
गिड़गिड़ाता हुआ समय
दरिद्र और अपंग

भीख माँगता हाथ फैलाये समय—
हाँफता हुआ

मल्लिकार्जुन मंसूर
अपने भरे पर फिर भी सीधे बुढ़ापे में
हल्का-सा झुककर
रखते हैं
काल के कन्धे पर अपना हाथ,
ठिठककर सुलगाते हैं अपनी बीड़ी
चल पड़ते हैं फिर किसी अप्रत्याशित पड़ाव की ओर

अपने लिए कुछ नहीं बटोरते उनके सन्त-हाथ
सिर्फ़ लुटाते चलते हैं सब-कुछ
गुनगुनाते चलते हैं पंखुरी-पंखुरी सारा संसार

ईश्वर आ रहा होता
घूमने इसी रास्ते
तो पहचान न पाता कि वह स्वयं है
या कि मल्लिकार्जुन मंसूर

3

राग के अदृश्य घर का दरवाज़ा खोलकर
अकस्मात् वे बाहर आते हैं
बूढ़े-सरल-सयाने
राग की भूलभुलैया में
न जाने कहाँ
वे बिला जाते हैं
और फिर एक हैरान बच्चे की, तरह
न जाने कहाँ से निकल आ जाते हैं

वे फूल की तरह
अक्षत-दूर्वा की तरह

पवित्र जल की तरह
राग को रखते हैं
करते हैं आराधना
होने के आश्चर्य और रहस्य की

वे खयाल में डूबते हैं
वचन में उतराते हैं

वे गाते हैं
जो कुछ बहुत प्राचीन हममें जागता है
गूँजता है ऐसे जैसे कि
सब-कुछ सुरों से ही उपजता है
सुरों में ही निमजता है
सुरों में ही निवसता और मरता है

अचल चिड़िया उड़ती चट्टान

जगदीश स्वामीनाथन् के लिए

चट्टान चाहती है
कि वह भी उड़ सके
चिड़िया की तरह
आसमान में
उधर घाटी के पार के संसार को
वह भी देख आये फुदक कर छूकर।

पर चिड़िया नहीं चाहती
कि वह अदला-बदली करे चट्टान से
और उसकी तरह स्थिर रहकर
सदियों तक देखे सिर्फ़ नीला आसमान
और दूसरी चट्टानें।

फिर भी
चिड़िया अचल है चट्टान की तरह।

चिड़िया की तरह उड़ान भरती है चट्टान।

चट्टान के ऊपर
बैठी है,नहीं बैठी है
एक उड़ती हुई चिड़िया,
एक अचल चिड़िया।

1979

वसन्त के लिए एक कामना

अभी मेरे पास
सिर्फ़ तेरी आँखों की चमक है—

वाद्यगीतों और गूँजती आवाज़ों के बीच
मुझे सुनने दो, सीढ़ियों के पास
अपने लिए खिला वसन्त-सुमन!

उत्सव की लपटों में
मेरा नगर जल रहा है,
मेरे मित्रों की आँखें सूखकर
चट्टानों के काले टुकड़े बनती जा रही हैं—
और एक छूँछा आकाश मेरे सिर पर लदता जा रहा है!

सिर्फ़ मेरे हाथ हैं
—जो भाषा सँभाले हैं
सिर्फ़ मेरे होठ हैं
—जो गान थामे हैं
धुएँ से आग से मुझे बचाने को
वह सुलगी हुई भाषा और
वह पिघलता संगीत!

मुझे छूने को वह पीला आलोक वेग
वह पत्तियों की हरी रचनाएँ
वह खिलखिलाता हरा दृश्य—
मुझे भेंटने दो, वह वसन्त
वह मेरा रक्त-सुमन!

ओ खोते हुए वाद्यकारों, ओ मिटते हुए उत्सवनगर,
ओ गूँजती हुई आवाज़ोंवाले लोगो,
मुझे सुनने दो
सीढ़ियों के पास बनती
अपने लिए, रक्ताभ धुन
—वह वसन्त-सुमन!

1960

हरियाली देखकर

ये बड़े हाथ छोटे हों
मेरी कड़ी गदलियाँ नरम बनें :
यह हरा-हरा-सा जल
थोड़ा-सा पी लूँ मैं,
अपनी फूलों-बनी नाव
फिर सोचूँ
अगर बहा दूँ
कब तक, कितनी दूरी तक तैरेगी
हरे-हरे-से जल में!
ये बड़े हाथ छोटे हों—
मेरी कड़ी गदलियाँ नरम बनें!

1958

पंख मत दो

पंख मत दो मुझे
मैं नीली अथक ऊँचाइयों में
उड़ कहीं खो जाऊँ
और तुम देखा करो, सिर्फ़ देखा करो मुझको
एक धब्बे-सा कहीं पर दूर मिटता-डूबता।
पंख मत दो मुझे
मैं असहाय बैठूँ डाल पर
फूलते वसन्त की प्रतीक्षा में
और तुम देखा करो,
सिर्फ़ देखा करो मुझको
नीचे से, रीती अँजुरी लिये।
पंख दो उसको
समर्थ है जो नीलेपन में खोकर
फिर तुम तक वपिस आने को।
जो वसन्त के बिना डाल से
नीचे फूल चुआ सकता है,
पंख दो उसको!

1958

एक कविता-क्रम

स्वतन्त्र रूप से लिखी गयी सम्बद्ध कविताएँ

1. पराजित

वह मुझे पहचानता नहीं था
और मैं उसके पास जाना चाहता था—
जब किसी ठिठुरती रात में
वह किसी ढाबे में भूख से व्याकुल
गोश्त की बोटियाँ चूस रहा होता था
मैं दूर बैठकर देखता था
उसके चेहरे पर धीरे-धीरे प्रकट होती तृप्ति
—वह तब अपना अकेलापन पसन्द करता होगा
अपने शरीर को सुखद गरमी के साथ—
उसके पास पहुँचने की तब कोई आशा नहीं हो सकती थी
और तब भी नहीं
जब वह अधीरता से
डाकिये की प्रतीक्षा करता था
क्योंकि उसे बताया नहीं गया था
और उसे मालूम नहीं था
तब वह इतने गहरे होता था
कि उससे मिला नहीं जा सकता था :
फिर मुझे एक रात पता लगा
तो मैं दौड़ता-दौड़ता उसे खोजने चला—
कुछ लोगों की भीड़ में शान्त वह आ रहा था
अपनी माँ को अस्पताल से मरघट पहुँचाकर
मैंने देखा—
वह अपने सूखे होठों पर बार-बार जीभ फेर रहा था
इसकी आँखें दूर सड़क के मोड़ पर टिकी थीं
सबके पार

वह अब बिल्कुल अकेला था
यह अन्त था
मैंने उसे खो दिया
और असफल ईश्वर के पास लौट आया
जहाँ मुझे मालूम है
वह कभी नहीं आएगा।

1962

3. सम्भावना

शहर अब भी एक सम्भावना है
जाड़ों की एक दोपहर
एक व्यस्त सड़क पर
स्वेता के मित्र-हाथों को छूकर मैंने जाना—
मेरे हाथ ज़रा-सी देर बाद भूल गये
स्पर्श को
और हमेशा की तरह अकेले मेरे पास रह गये।
ट्रैफ़िक सिगनल पर रुकी हुई भीड़ में
कहीं नहीं था
मेरे शरीर के लिए कोई अर्थ,
कही नहीं थी वह शान्त निजी गरमी
जिसे मैं अपना प्रेम कह सकता—
एक हलकी-सी अप्रासंगिक हवा थी
जिसे झटका-सा देती हुई रुक गयी एक बस :
हैण्डल पकड़ते अपने हाथों को
मैंने दुःखी होकर देनी चाही अपनी करुणा
तो याद आये वे हाथ,
जो अभी थोड़ी देर पहले उनमें थे,
उनसे जुड़ा वह शरीर जो प्रतिफलित हो चुका है
एक और शरीर में
और फिर मुझे मिल गये कुछ शब्द
जिन्हें मैं वहाँ रख सकता था

जहाँ पहले वे हाथ थे—
खिड़की के हवा के ठण्डे झोंके से सिहरते हुए
मेरे हृदय में हाथों के लिए
कविता के लिए
अब एक आशा थी
शहर अब भी एक सम्भावना है!

1963

पेड़ के पीछे आदमी

मुझे लगता है
पेड़ के पीछे एक आदमी है
जो तोते के अधखाये फल के गिरने पर
उसे बीनकर ले जाता है
जो मानता है कि
किसी छोटे-से सच को भी
ख़राब नहीं जाना चाहिए।

यह आदमी
एक अदृश्य मेज़ पर बैठकर
पेड़ को सुनाता है
एक ओझल पुस्तक से प्राचीन कविताएँ
और उसके हाथ पर बैठी रहती है चिड़िया
हालाँकि वह कोई बादशाह नहीं है।
मैं जब एक दिन पेड़ के पास गया
तो पेड़ अदृश्य था
सिर्फ़ एक गुस्से में भरा आदमी था
गालियाँ बकता हुआ।

1978

जबर जोत

उसने एक पेड़ काटकर फेंक दिया
क़ानून की उस निष्क्रिय उपधारा की तरह
जो उस जैसों के हित के लिए बनायी गयी थी
निर्धारित पद्धति से अलग
और गिरफ्तारी का इन्तज़ार करते हुए
उसने अपने नये साहस के सरल गणित को पहली बार पहचाना।

मुंशी और हवलदार वहीं पास थे
रौब के संवैधानिक व्याकरण से बँधे हुए
और ज़िन्दगी में
बहुत बार चुप रहने के बाद अब
वह बेपरवाह एक नया शब्द बोल रहा था–
जाप्ता फ़ौजदारी और राजस्व संहिता में
जिसके लिए प्रावधान न था।

ज़मीन के ज़रा से टुकड़े को अपना मानकर
उसने नाधा हल
और पहली बार
अपने को बैलों से अलग कर लिया।
एक कील-सी गड़ती चली गयी
समृद्ध पातालिक शान्ति में
और बड़ी बी अट्टे पर से चीख़ीं।
चीख उनकी आयी नीचे तक बरक़रार।
क़ानून तोड़ने वालों को पूरी मुस्तैदी से
हमने किया गिरफ़्तार–

सज़ा दी अदालत ने योग्य
आँकड़े सभी के एकत्र रोज़-रोज़।

लौट गये सभी निश्चिन्त
अपनी रौब-दाब की क़ानूनसम्मत भाषा में।

जुती-अधजुती परती पर
कुछ फूट ही आया
भादों के बादलहीन आसमान के नीचे
सूखते सुनसान में
कुछ हरे शब्द मुन्तज़िर पड़े रह गये
पत्थर होने को।

1970

चीख़

यह बिलकुल मुमकिन था
कि अपने को बिना जोखिम में डाले
कर दूँ इनकार
उस चीख़ से,
जैसे आम हड़ताल के दिनों में
मरघिल्ला बाबू छुट्टी की दरख़्वास्त भेजकर
बना रहना चाहता है वफ़ादार
दोनों तरफ़।

अँधेरा था
इमारत की उस काई-भीगी दीवार पर,
कुछ ठण्डक-सी भी
और मेरी चाहत की कोशिश से सटकर
खड़ी थी वह बेवकूफ़-सी लड़की।

थोड़ा दमख़म होता
तो मैं शायद चाट सकता था
अपनी कुत्ता-जीभ से
उसका गदगदा पका हुआ शरीर।
आख़िर मैं अफ़सर था,
मेरी जेब में रुपिया था, चालाकी थी,
संविधान की गारण्टी थी।
मेरी बीवी इकलौते बेटे के साथ बाहर थी और
मेरे चपरासी हड़ताल पर।

चाहत और हिम्मत के बीच
थोड़ा-सा शर्मनाक फ़ासला था
बल्कि एक लिजलिजी-सी दरार

जिसमें वह लड़की गप्प से बिला गयी।
अब सवाल है कि चीख़ का क्या हुआ?
क्या होना था? वह सदियों पहले
आदमी की थी
जिसे अपमानित होने पर
चीख़ने की फ़ुरसत थी।

1971

थोड़ा-सा

अगर बच सका
तो वही बचेगा
हम सबमें थोड़ा-सा आदमी—

जो रौब के सामने नहीं गिड़गिड़ाता,
अपने बच्चे के नम्बर बढ़वाने नहीं जाता मास्टर के घर,
जो रास्ते पर पड़े घायल को सब काम छोड़कर
सबसे पहले अस्पताल पहुँचाने का जतन करता है,
जो अपने सामने हुई वारदात की गवाही देने से नहीं हिचकिचाता—

वही थोड़ा-सा आदमी—
जो धोखा खाता है पर प्रेम करते रहने से नहीं चूकता,
जो अपनी बेटी के अच्छे फ्राक के लिए
दूसरे बच्चों को थिगड़े पहनने पर मजबूर नहीं करता,

जो दूध में पानी मिलाने से हिचकता है,
जो अपनी चुपड़ी खाते हुए दूसरे की सूखी के बारे में सोचता है,

वही थोड़ा-सा आदमी—
जो बूढ़ों के पास बैठने से नहीं ऊबता
जो अपने घर को चीज़ों का गोदाम बनने से बचाता है,
जो दुख को अर्जी में बदलने की मजबूरी पर दुखी होता है
और दुनिया को नरक बना देने के लिए दूसरों को ही नहीं कोसता।

वही थोड़ा-सा आदमी—
जिसे ख़बर है कि
वृक्ष अपनी पत्तियों से गाता है अहरह एक हरा गान,
आकाश लिखता है नक्षत्रों की झिलमिल में एक दीप्त वाक्य,

पक्षी आँगन में बिखेर जाते हैं एक अज्ञात व्याकरण–

वही थोड़ा-सा आदमी–
अगर बच सका
तो वही बचेगा।

1987

सड़क पर एक आदमी

वह जा रहा है
सड़क पर
एक आदमी
अपनी जेब से निकालकर बीड़ी सुलगाता हुआ
धूप में—
इतिहास के अँधेरे
चिड़ियों के शोर
पेड़ों में बिखरे हरेपन से बेखबर
वह आदमी

बिजली के तारों पर बैठे पक्षी
उसे देखते हैं या नहीं कहना मुश्किल है
हालाँकि हवा उसकी बीड़ी के धुएँ को
उड़ाकर ले जा रही है जहाँ भी वह ले जा सकती है

वह आदमी
सड़क पर जा रहा है
अपनी ज़िन्दगी का दुख-सुख लिये
और ऐसे जैसे कि उसके ऐसे जाने पर
किसी को फ़र्क़ नहीं पड़ता
और कोई नहीं देखता उसे
न देवता, न आकाश और न ही
संसार की चिन्ता करने वाले लोग

वह आदमी जा रहा है
जैसे शब्दकोष से
एक शब्द जा रहा है
लोप की ओर

और यह कविता न उसका जाना रोक सकती है
और न ही उसका इस तरह नामहीन
ओझल होना

कल जब शब्द नहीं होगा
और न ही यह आदमी
तब थोड़ी-सी जगह होगी
खाली-सी
पर अनदेखी
और एक और आदमी
उसे रौंदता हुआ चला जाएगा

1988

वह आदमी

जो चला गया है
अभी थोड़ी देर पहले यहाँ से
वह एक आदमी ही है
यह कहना मुश्किल है—

उसका कोई निशान बाक़ी नहीं है
न ही पहचान

वह कुछ छोड़ भी नहीं गया है
कोई चीज़, पुरानी चप्पलें,
चिट्ठियाँ या एक गुनगुनाहट ही सही

यह सही है
कि माहौल में एक उदासी-सी है
जो पत्ते झरने या
चिड़िया के अपना घोंसला छोड़कर
कहीं और उड़ जाने पर नहीं होती है

एक बहुत हलकी दस्तक-सी है
जो न देवता देते हैं
और न हवा
इसलिए सन्देह तो ज़रूर होता है
कि वह आदमी ही रहा होगा
पर अचरज इस पर है
कि उसने अपने पीछे कुछ नहीं छोड़ा है
न धब्बा,न निशान, न दाग़, न छाया
सिवाय इस सन्देह के कि
वह आदमी ही रहा होगा—

1988

शताब्दी के अन्त के कगार पर

शृंखला की पाँच कविताएँ

1. कवि

मैं एक खिड़की खोलता हूँ :
पत्थर में फूटी हैं
जड़ें एक वृक्ष की—
जड़ों में लिपटा है प्राक्-अन्धकार
अन्धकार में धीरे-धीरे सरकता है काल।

नदी में बह रहा है खून, आँसू,
सपने और आशाएँ,
नावें, शव और फूल—
अपने लदान से झुकी हुई
अदृश्य हो रही है शताब्दी।

तोपें गरज रही हैं,
फटते हैं बम,
मौत के घाट उतारी जा रही हैं स्त्रियाँ—
एक बच्चा अनजान
फिर भी, समय की धार पर
बहा रहा है कुछ शब्द, काग़ज़ की नाव,
अपना भविष्य, उनका अतीत।

चकाचौंध और चौक के हाशिए पर
इतिहास के चिकने-चुपड़े भवन से बाहर
वे जो कुछ लोग खड़े हैं
मुझ कवि के साथ
अपनी-अपनी जगह पर
मैं उन पर सिर्फ़ एक खिड़की खोलता हूँ।

2. लुहार

मैं जानता हूँ कि मेरी भट्ठी में भले
एक छोटा-मोटा ज्वालामुखी-सा उमड़ता है
जब पिघला हुआ लाल लोहा मैं किसी साँचे में उड़ेलता हूँ तो
यह उस लावे का हिस्सा नहीं है
जो इस सदी में सुरों या असुरों ने नहीं
आदमी ने आदमी की दुनिया पर
सैकड़ों बार बहने दिया है।
मेरी भट्ठी ज़्यादातर चक्के बनाती है
कभी-कभार गँड़ासा भी
लेकिन हमारे समय की भट्ठियों में तो लगातार,
वह सब कुछ बनता रहा है
जो आदमी, पेड़, पशु-पक्षी सबको
भाप जैसा उड़ा देता है।
मैं तो कभी कड़ाही रफ़ू कर देता हूँ,
कभी तेज़ी से सब्ज़ी काटने वाले चाक़ू को हत्थे में लगा देता हूँ,
कभी बाल्टी की पेंदी में हो गए छेद को बन्द कर देता हूँ :
मुझे पता है कि लोहा या लकड़ी,
जैसे कि उसके परिवार के लोग, आँगन की चिड़िया, बरतन,
खिड़की और दरवाज़े बिस्तर और
खिड़की पर झूलती लता, जूता और छाता,
आदमी का घर बनाते और बसाते हैं।
लोहा चीज़ों को जोड़ता, मज़बूत बनाता, टिकाऊ करता है।
जब मैं लोहे को अपनी भट्ठी में
पिघलकर लगभग गाढ़ा पानी होते देखता हूँ
तो मुझे शक होता है कि उसके द्रवित मन में
लोहे के अलावा कुछ और होने का
एक कोमल सपना पल रहा है।
जब मैं लोहे को चक्के में या कि किसी और
चीज़ में बदलता हूँ
तो मुझे लगता है कि मैं
लोहे को उसके सच से उसके सपने में
मुक्त कर रहा हूँ।

यह लौह युग नहीं है ऐसा इतिहास बताता है :
हो सकता है कि कलियुग भी बीत गया हो
जो कि इन दिनों इतिहास नहीं बताता है।
पर भट्ठी की धधकती आग को कभी-कभी एकटक देखते
उससे निकलने वाली चिनगारियों से अपनी अधेड़ आँखें बचाते
लोहे को जल की तरह फूट निकलते हुए देखते
मुझे लगता है कि जैसे समय गल रहा है
जैसे भट्ठी में सूर्योदय हो रहा है
जैसे अन्तरिक्ष में किसी उत्तप्त गर्भ में एक नया नक्षत्र
गढ़ा जा रहा है,
जैसे इतिहास अशुद्धता है
जो गल कर लोहे से अलग हो जाएगी।

मुझे ठीक से नहीं मालूम
पर कभी-कभी अपने लुहारखाने पर
यह चण्डूखाने की गप सुनता हूँ कि
हमारे ज़माने में कई लोग
अपने अन्तःकरणों की भट्ठियों में
किसी नई आदमियत को शक्ल दे रहे हैं।
मेरी धन्धई लाचारी यह है कि मुझे लोहे पर तो भरोसा है
आदमी पर नहीं,
भले ही खुद आदमी के काम का होना लोहे का अदम्य सपना है।
यह सदी इतनी अधिक आदमी की न होकर कुछ
लोहे की भी हुई होती
तो शायद ज़्यादा भरोसेमन्द साबित होती।

मेरी भट्ठी वह जगह है
जहाँ से लोहा आदमी को पुकारता है
पर अब वह जगह कहाँ है
जहाँ आदमी लोहे को पुकारता है?
धातुओं को पुकारना आदमी ने बन्द कर दिया है
लोहे की क्या बिसात अब तो
लगता है कोई
धरती, आकाश, आग, हवा, पानी को ही कहाँ पुकारता है?

हो सकता है कि इस सदी के ख़त्म होने के पहले ही
मेरी भट्ठी बुझ जाए
और उसके साथ लोहे का अपने ही सच में तप कर
अपने सपने में बदलना भी :
पर जितनी मोहलत है, जो भी समय बचा है उसमें
मैं फिर अपना घन उठाता हूँ
और फिर इस सदी के एक कठोर सच को
पीट-पीटकर एक नए सपने में ढालता हूँ।
यही एक दिन तो लुहार का है,
शायद बिलकुल ही आखिरी
—बाक़ी सुनारों-सुतारों के हों, न हों।

3. बढ़ई

मैं सिर्फ़ अपना रन्दा नहीं चलाता
या ठोंक-पीट ही नहीं करता रहता हूँ,
मैं अपना काम करते हुए सोचता भी हूँ
और कभी-कभी जब लकड़ी के छल्ले छिल-छिलकर
ज़मीन पर गिरते हैं
तो मैं उनमें उलझे हुए
कुछ सपने भी देखता हूँ।
अभी परसों ही मुझे रन्दा चलाते हुए ख़याल आया कि
लोगों के बीच जो मनमुटाव है
उसे रन्दे से छीलकर फेंका नहीं जा सकता है?
ऐसा हो पाता तो शायद यह दुनिया
किसी नई बनी मेज़ की तरह चिकनी और समतल हो जाती।
पर दुनिया को अपनी नज़र से ठोंक-पीटकर
मनमाफ़िक बनाने की कोशिश करने वाले तो बहुत हैं
पर इन दिनों उसे छीलकर क़ायदे का रूप देने वाला
कोई नज़र नहीं आता।
हमारे पास सब औज़ार हैं, हुनर और हिकमत भी—
फिर दुनिया इतनी आड़ी-तिरछी और बेडौल क्यों
पड़ी हुई है?

अगर ईश्वर ने शुरू में ही कुछ किया होता तो बात थी
वरना अब तो लगता है कि बहुत देर हो गई है।
यों शुरू में भी, ईश्वर बढ़ई कहाँ था?
लकड़ी में कभी-कभी किसी पेड़ के रोने की आवाज़ आती है
ऐसी कि सिर्फ़ मेरे हाथ सुन पाते हैं
और तब मुझे अपने धन्धे पर थोड़ा दुख होता है।
यह ठीक है कि यही हाथ घरों के खिड़कियाँ-दरवाज़े बनाते हैं
कि अपने और दूसरों को देखने या उनके अन्दर-बाहर
आने-जाने की सुविधा हो
पर यह सब मैं पेड़ के शरीर को छील कर करता हूँ—
बिना किसी को मारे जीना कितना मुश्किल है!

मैं कभी-कभी सपना देखता हूँ कि
मैंने आसमान के बराबर एक मेज़ बनाई है
और उस पर सबको खाने का न्यौता दिया है :
हर रंग के लोगों को, ब्राह्मण और अछूत को,
चिड़ियों, गिलहरियों, सिंहों और नक्षत्रों को,
बूढ़े देवताओं, सैनिकों, नाइयों और मछुआरों को,
बुढ़ियाओं, नातियों-पंतियों सबको
दुनिया को, इस दुनिया और उस दुनिया को जो बीत चुकी,
कई सदियों को
और सदियों के आर-पार फैले महाकाल को।
जब सब आ जाएँ तो सबको पालागन कर मैं कहूँ :
'महाराज अब खाने को कुछ नहीं बचा है जो
आपके सामने परोसूँ—
भकोसिए अपनी नफ़रत, खाइए अपना विद्वेष,
पीजिए अपनी क्रूरता, चखिए अपनी ही लापरवाही।'

पर यह तो सपना है :
भला एक बढ़ई के बुलाए इतने मेहमान जीमने कभी जाएँगे भला!
समय तो लकड़ी से बहुत आगे
अब तो लोहे से भी आगे निकल गया है—

मैं जानता हूँ कि दुनिया को किसी खिड़की से नज़र आते
हरे-भरे दृश्य में नहीं बदला जा सकता—
पर मैं क्या करूँ कि मेरे हाथ इस सूखी बेजान लकड़ी को छीलते हुए
हरे-भरेपन का एक सपना देखते हैं और कुढ़ते हैं
कि चकाचौंध से भरी दुनिया में
वह सम्भव नहीं?

मेज़ पर हताश अपने हाथ रखता है एक बूढ़ा,
कुरसी पर उचक कर घर के सदस्य की तरह बैठती है कुतिया,
एक बच्ची सजाती है अपने नए-पुराने खिलौने अलमारी में—
कितनी सारी गरमाहट, आत्मीयता और प्यार-दुलार
वहाँ टिकता, थमता और रमता है जहाँ मेरी बनाई चीज़ें हैं।

फिर मैं समय को
इस बीत रही शताब्दी को
छील कर ठोंक और पीटकर
कीलों से जोड़कर
किसी ऐसी चीज़ में क्यों नहीं बदल सकता
जिसमें सारी दुनिया और सारे लोग
एक साथ समा जाएँ—
एक दूसरे के पड़ोसी हो जाएँ,
और एक पुकारे तो दूसरा दौड़े,
एक माँगे तो कई देने को आएँ,
एक घबराकर, उठें तो कई सहारा देने आगे बढ़ें
एक सपना देखे तो कई वैसा ही सच बटोर कर सामने ले आएँ।

पेड़ रोता है लकड़ी में हुए अपने अन्त पर
लकड़ी रोती है मेरे यानी बढ़ई यानी आदमी के
इस तरह निरुपाय होने पर—
मेरे हाथ उस रोने को सुनते हैं
और कभी-कभी समय और आदमी के बेकार जाने की हालत को
धीरे-धीरे गुनते हैं।

4. मछुआरा

अब अगर पता चले कि
दरअसल आकाश एक बहुत बड़ा जाल है
जिसे किसी ने अन्तरिक्ष के अदृश्य जल में
सूर्य, चन्द्र, तारों-नक्षत्रों, पृथ्वी और ग्रहों को
पकड़ने के लिए फेंक रखा है
और जिसकी जाल फेंक कर आँख लग गई है
तो क्या उसे आप मछुआरा ही कहेंगे?
हो सकता है कि उसका कोई और अच्छा-सा नाम रहा हो
जो अब न उसे या किसी और को याद रह गया है
हमें भी नहीं हालाँकि हो सकता है कि वह हमारा पूर्वज हो।

जाल फेंकना अटकल लगाने जैसा है
हमें कहाँ पता होता है कि इस बार
कौन-सा सच हमारे फन्दे में आने वाला है?
जाल जब भारी पड़ता है
और खींचने पर उसमें मछलियों की बिछलती
चाँदी नज़र आती है
तो हमारी आँखें भी मछलियों की तरह चमकने लगती हैं
कि इस तरह एक डोंगे में समुद्र में इतनी दूर लगभग निहत्थे आना
अकारथ नहीं गया।
समझ में आना कठिन है,
कम-से-कम हमारी समझ में,
कि जो जाल में फँसा है,
और तड़पता-बिछलता है, और थोड़ी देर में शान्त हो जाता है।
वह समय है या कि सच या कि सिर्फ़ थोड़ी-सी मछलियाँ।

हम समय से पहले पौ फटने से भी पहले
अपनी नावों में समुद्र में निकल आते हैं :
कभी-कभी पूरब में सूर्य ऐसे उछलकर निकलता है
जैसे एक विशालकाय मछली हो
रौशन, ललछौंही, हाथों से फिसलने-फिसलने को।
यह जो पानी में डूबा पर धड़कता और अपार फैला जीवन है—

यह जो अपनी असंख्य आवाज़ों से पुकारता पानी है—
यह जो बदलते-मिटते पानी के, आकाश के मछलियों के अनगिनत रंग हैं—
यह जो धीरे-धीरे गुनगुनाती जल वनस्पतियाँ हैं—
यह जो बहना, बहते जाना, पार न पाना है—
यह जो पानी के खिलाफ़ उसे चीरते हुए—
बाँहों और पतवारों और नावों की एक लगातार लड़ाई है—
यह जो मैं हूँ
अपना जाल फैलाए :
यह सब ऐसा क्यों लगता है कि जैसे कभी बीतता नहीं
कि जैसे इसका कोई इतिहास नहीं?
बस है : बस रहेगा।

कभी अपनी नाव पर अनमना बैठा मैं सोचता हूँ :
जैसे हम मरने के लिए नहीं जीते
वैसे ही ये मछलियाँ हमारे खाने के लिए पैदा नहीं होतीं—
जो सुन्दर है उसे देर-सबेर कोई-न-कोई लील क्यों जाता है?
पानी का सच जाल का सच नाव का सच और मछलियों का सच
एक-दूसरे के ख़िलाफ़ क्यों हो जाता है?
यह सिर्फ़ हमारे समय का फेर नहीं है :
यह तो सदा से ऐसा ही है।
जैसे यह सचाई भी कि हम सब आखिरकार
एक दूसरे के जाल में फँसे हैं
और सवाल हर समय सिर्फ़ इतना-सा है कि कौन
किसको पहले फाँसता और खाता है।

मैं तो सिर्फ़ मछलियाँ पकड़ना जानता हूँ
पर अगर किसी जाल में मैं फँस जाऊँ
तो अपनी इन असहाय मछलियों की ही तरह
मुझे कहाँ पता है उससे बाहर आने की तरक़ीब?

मैं शताब्दियों के बारे में ज़्यादा नहीं जानता
हालाँकि युद्ध आदि के क़िस्से कभी-कभी
मैं चाव से पढ़ता रहा हूँ।

यह जो ख़ूँखार शताब्दी बीत रही है
कई बार मुझे लगता है कि
आदमी के जाल में धोखे से मछली के बजाय आ गया मगरमच्छ है
जो उसे लील रहा है।
इसे नष्ट किए बिना कोई उपाय नहीं
और फिर जाल फेंकना होगा ताकि
अगली शताब्दी एक सुन्दर मछली की तरह आए
जिसे हम खाए बग़ैर वापस समुद्र में कुछ दुलार से छोड़ सकें।

सबसे पहले मछुआरे में भी ममता थी
और बिलकुल आखिरी मछुआरा भी
सुन्दर को कुछ-न-कुछ बचाएगा,
तभी न आदमी कहाएगा।

5. कबाड़ी

क्या समय को पता है कि
उसके आईनाख़ाने में कहाँ-क्या सजा है?
इतिहास को ख़बर है कि उसकी सीमाओं में क्या-कहाँ
अँटा पड़ा है?
मुझे ठीक-ठीक पता है कि
मेरे कबाड़ख़ाने में कहाँ रखी है आज़ादी,
कि कोने में बराबरी, कहाँ किस पुराने बरतन से हिलगा है
एक सपना और किस जगह सिमट कर रखा है
अभी भी साबुत बचा एक सच।
देखिए मुझे अब ठीक से नज़र नहीं आता मोटे चश्मे के बावजूद
—यों अब दुनिया में ठीक से देखने के क़ाबिल बचा ही क्या है!
और आजकल के इन लौंडे-लपाड़ियों के पास दीदे तो हैं, नज़र नहीं।
हो सकता है कि ख़त्म होने के पहले ही
मेरे कबाड़ख़ाने में आ गई हो यह सदी :
कौन कब क्या दे जाता है इसका भरोसा नहीं
ख़त्म होने का धीरज अब कहाँ है
और ख़त्म होने के बाद सदी हो या आदमी

कबाड़खाने के लायक़ भी नहीं रह जाता।
नज़र तो मेरे पास है पर अक्किल नहीं :
अभी परसों एक बुज़ुर्गवार कह रहे थे कि
असल में यह सदी आदमी के इतिहास में
खुद एक कबाड़खाना है।
अब देखिए, कमाल है, अगर यह सही है तो
खुद कबाड़ बनकर समय
हमारे पेट पर लात मार रहा है—

समय की वैसी मार हम जैसों पर पहले ही क्या कम है!
कहने को तो अजायबघर-सा लगे है,
पर यह सारी दुनिया दरअसल ईश्वर का कबाड़खाना है।

रोज़-ब-रोज़ लाखों लोग मरते हैं, मारते हैं,
चीज़ों के नामोनिशान गुम होते रहते हैं,
भूल जाते हैं लोग नाम और चेहरे,
ग़ैब में चले जाते हैं पता नहीं कितने सपने और सच।
फिर भी टूटी हुई मूर्तियों, बरसों पहले बुझे दीपकों,
टूटे हुए पाए की संगमरमरी मेज़ के बीच में कहीं मुबहम-सा
पड़ा रहता बहुत सारा समय
जिसे कभी-कभी मैं अपनी आँखों से या कि हाथों से
दुलराता हूँ :
मैं अपना कबाड़ तो वाजिब दामों पर
कभी-कभी झाँसा देकर भी बेचता हूँ
पर उस समय को नहीं—
वह यहीं रहता है, ग़ैब-सा,
फिर भी मौजूद।

आदमी ने कुछ भी किया हो
कितना ही अत्याचार या दुराचार—
उसके पास कुछ तो होता है,
जो टूटने-फूटने के बावजूद बचाने के क़ाबिल होता है
और जिसे सहेजने वाला एक दूसरा आदमी निकल ही आता है।
कितना ही खूँखार, बीमार और बेज़ार हो यह सदी
उसने 'तृप्ति के सूअरबाड़े' में,

अपने 'हृदय की गँधाती फटी-चिथड़ी दुकान' में,
'अन्तःकरण के संक्षिप्त आयतन' में,'आत्मा के लुहारखाने' में
न जाने कितने खून-चींचड़ों और मिट्‌टी-धूल में सने हुए शब्द–
उत्सर्ग की छोटी-छोटी मोमबत्तियाँ,
हिम्मत और उम्मीद के सँकरे होते जाते झरोखे–
हमेशा धूप में दमकने वाले राज को दरकानेवाले
अधनंगे फ़कीर की लाठी और चश्मा
बचा रखे हैं
और इतना एक सदी के लिए काफ़ी है
भले ही वह बीसवीं ही क्यों न हो।
इतिहास में शायद समय क़रीने से सजा होता है
एक सदी के बाद दूसरी
पर हमारे कबाड़खाने सब कुछ इस सदी की ही तरह
गड्ड-मड्ड पड़ा है–
दूसरी सदी के बग़ल में आठवीं और दसवीं के सिरहाने
अठारहवीं–पहले मुग़ल फिर मौर्य, फिर अंग्रेज़।
कबाड़खाना सबको जगह देता है
और यहाँ किसी खास जगह के लिए कोई सदी
मारा-मारी नहीं करती
इतिहास न्याय न करता हो, कबाड़खाना करता है।
जैसे ज़िन्दगी को वैसे ही कबाड़खाने को
सारा समय एक साथ चाहिए।

असली-नक़ली के चक्कर में न पड़िए–
उसका भेद तो इस सदी ने पहले ही मिटा दिया है :
समय और इतिहास को भी ज़रा बाहर सहन पर रख आइए–
अब सिर्फ़ चीजों को,
और चीज़ों के पड़ोस में,
उनकी टूटी-बिखरी ज़िन्दगी की रौशनी में देखिए।
कम-से-कम मैं एक कबाड़ी जानता हूँ कि
यह सदी सिर्फ़ आदमी ही नहीं चीज़ों की भी है।
उनमें से एक को भी मैंने नहीं बनाया
और हरेक को खरीदा-बटोरा, कभी-कभार चुराया तक है–
उनमें भी हमारी आदमियत रसी-बसी है।

किससे?

हम किससे अपना घर,
सुख पूछने जाएँगे?

जब आकाश बन चुका है
चिथड़ों का बेसहारा चँदोबा
और एक लुप्त नदी में बची रह गयी
सूखी रेत, सड़ी काई और कुछ हड्डियों की तरह
बची पड़ी है पृथ्वी–

जब पत्तियों का हरा व्याकरण
हमें याद नहीं
और चिड़ियों के ध्यान में भी
हम नहीं आते–

अपने कारागार से निकलकर
तब हम किसके द्वार पर दस्तक देंगे,
कहाँ से आएगी वह प्रतिध्वनि
जो हमें घर लौटाएगी?

शब्दों के पथरा जाने का रहस्य
सिर्फ़ वृक्ष जानते हैं
जो अब सयानों की तरह चुप रहेंगे।

1985

अगर इतने से

अगर इतने से काम चल जाता
तो मैं जाकर बुला लाता देवदूतों को
कम्बल और रोटियाँ बाँटने के लिए।

बैठ जाता पार्क की बेंच पर,
एक अकेले उदास बूढ़े की तरह
होने के कगार पर,
और देखता रहता पतझर
चुपचाप ढाँकते पृथ्वी को।

चला जाता
उस बेदरोदीवार के घर में,
जिसे किसी बच्ची ने
खेल-खेल में
अपनी कापी में खींच रखा है।

ले जाता
अपनी गुदड़ी से निकालकर
एक पुरानी साबित घड़ी का उपहार,
अस्पताल में पड़े बीमार दोस्त के लिए
ताकि वह काल से बचा रह सके।

आत्मा के अँधेरे को
अपने शब्दों की लौ ऊँची कर,
अगर हरा सकता
तो मैं अपने को
रात भर
एक लालटेन की तरह जला रखता।

अगर इतने से काम चल जाता— *1985*

कहाँ!

अपनी उम्मीद की धीरे-धीरे बुझती लौ लिए
यहाँ से कहाँ जाएँगे।
यहाँ-यह क्या है
शहर कि शताब्दी कि श्मशान
हमें कहाँ जाना है
घर कि स्वर्ग कि रणस्थल?

पताकाएँ चिन्दियों की तरह गिर रही हैं,
पहिये धँस चुके हैं कीचड़ में,
हाथ न उठ रहे हैं प्रार्थना में
न खाली हवा में—
आँखें पड़ोसी दीवार के आगे नहीं देख पातीं
खाली है रसोई, लकड़ियाँ सब राख हुई,
कम्बल हो चुके झीने
जवान छोड़कर आगे भाग चुके
बूढ़े पिछले गाँव में ही रह गये
हम अधेड़
इस सदी का खून-धूल
उसकी ठिठुरती हड्डियाँ और
पथराया अन्तःकरण लिये
पता नहीं अब
कहाँ, किस ठौर आ पहुँचे हैं—
यहाँ जीर्णशीर्ण है मन्दिर
प्रार्थनाघर में पुराना धुआँ क़ैद है
पता नहीं पूजा का या चिता का
देवता कर चुके हैं कूच
—बची है सिर्फ़ यह कविता
जिससे हम पूछ रहे हैं
अपनी उम्मीद की काँपती रोशनी में
हमें अब कहाँ जाना है—

1994

वहाँ भी

हम वहाँ भी जाएँगे
जहाँ हम कभी नहीं जाएँगे

अपनी आखिरी उड़ान भरने से पहले,
नीम की डाली पर बैठी चिड़िया के पास,
आकाशगंगा में आवारागर्दी करते किसी नक्षत्र के साथ,
अज्ञात बोली में उचारे गये मन्त्र की छाया में
हम जाएँगे
स्वयं नहीं
तो इन्हीं शब्दों से—

हमें दुखी करेगा किसी प्राचीन विलाप का भटक रहा अंश,
हम आराधना करेंगे
मन्दिर से निकाले गये
किसी अज्ञातकुलशील देवता की—

हम थककर बैठ जाएँगे
दूसरों के लिए की गयी
शुभकामनाओं और मनौतियों की छाँह में—

हम बिखर जाएँगे
पंखों की तरह
पंखुरियों की तरह
पत्तियों और शब्दों की तरह—

हम वहाँ भी जाएँगे
जहाँ हम कभी नहीं जाएँगे।

1990

अकेले क्यों

हम उस यात्रा में
अकेले क्यों रह जाएँगे?

साथ क्यों नहीं आएगा हमारा बचपन,
उसकी आकाश-चढ़ती पतंगें
और लकड़ी के छोटे से टुकड़े को
हथियार बनाकर दिग्विजय करने का उद्यम—
मिले उपहारों और चुरायी चीज़ों का अटाला?

क्यों पीछे रह जाएगा युवा होने का अद्भुत आश्चर्य,
देह का प्रज्वलित आकाश
कुछ भी कर सकने का शब्दों पर भरोसा,
अमरता का छद्म,
और अनन्त का पड़ोसी होने का आश्वासन?

कहाँ रह जाएगा पकी इच्छाओं का धीरज
सपने और सच के बीच बना
बेदरोदीवार का घर
और अगम्य में अपने ही पैरों की छाप से बनायी पगडण्डियाँ?

जीवन भर के साथ-संग के बाद
हम अकेले क्यों रह जाएँगे उस यात्रा में?

जो साथ थे वे किस यात्रा पर
किस ओर जाएँगे?
वे नहीं आएँगे हमारे साथ
तो क्या हम उनके साथ
जा पाएँगे?

1990

ओझल

फटेहाल बच्चों की तरह
देवता आएँगे
और घूरे पर फिंकी बेकार चीज़ों की तरह
हमारे सुख-दुख
बीन-नबेर कर ले जाएँगे

मुहल्ले में चक्कर लगाता ठेलेवाला लड़का
तराजू की डण्डी मारकर
अख़बारों की रद्दी की तरह
तौलेगा हमारे शब्द
और कुछ तुड़े-मुड़े नोट हमें थमाकर
उन्हें लाद ले जाएगा।

अजनबियों की तरह घूरते मिलेंगे
बाज़ार में अकृतज्ञ लोग–
मँहगी चीज़ खरीदने के लिए
दाम पास न होने से
हम दूकानों से दूर खड़े ललचाएँगे।

जीवन के बियाबान
मृत्यु के मरुस्थल में
होने-न होने की गोधूलि में
गिरते-पड़ते हम
फिर ओझल हो जाएँगे।

1990

कितना अच्छा हो

कितना अच्छा हो अगर पहले से मालूम न पड़े–
जैसे अकस्मात् गिरता है
पलाश के वृक्ष से तोते की चोंच से अधखाया फल,
जैसे खुले दरवाज़े पर
भी बड़ी सुबह देता है
कोई अदृश्य एक हलकी सी दस्तक,
जैसे विलीन हो जाता है
नीले अनन्त में
कोई पक्षी
बिना जाने कि यह अन्तिम उड़ान है।

कितना अच्छा हो
कि जैसे किसी प्राचीन पद्य से
एक अप्रचलित शब्द एक दिन
अकस्मात् हो जाये लोप–
कन्धे पर लदी पाथेय की गठरी से
अनजाने रास्ते पर गिर जाये
कुछ अन्न।

जैसे प्रार्थना में
प्रेम में,
नींद में झुका माथा
फिर न उठ पाये ऊपर–

कितना अच्छा हो
जो होना है अन्त
जीवन की उत्कट सघनता में
अकस्मात् हो जाये–

कि कह या सोच भी न पायें
कि कुछ कविताएँ
और उसकी यौवनाभा और कामना के उपहार
सहेज लें तो चलें।

1990

पुरखों के घर

चक्रवाल के पार
स्वर्ग-नरक के छायापथ पर
पुरखों का बनाया और सँभारा
घर है
किसी पुण्यतोया के तट पर
जहाँ हम ब्रह्मरात्र में जाएँगे—
उस असमाप्य यात्रा में
सिवाय पुरखों की परछी के
हम और कहाँ सुस्ताएँगे,
ठौर पाएँगे?

चन्द्रप्रभ वृक्षों की नहीं होगी कोई छाया
और न ही कोई शरण्य बनाने के लिए
बचे होंगे अक्षर शब्द—
चकाचौंध में दीखेगा नहीं रास्ता
फिर भी हम आगे चले जाएँगे।

संसार अपनी वनस्पतियों
रसगन्ध और अवकाशों के साथ पीछे
समय की तरह छूट गया होगा—
हम अपनी जिजीविषा का पाथेय लिये
ऐसे चलते जाएँगे जैसे
इस मेले में हर बार आने का अभ्यास हो।
उदासीन देवताओं को व्यर्थ पुकारते हुए
हम ब्रह्मरात्र में
पुरखों के घर जाएँगे।

1990

बहिष्कृत

नामों, भविष्य और सूखी पत्तियों के ढेर से
अधेड़ होती निराशा और बचपन के अटपटे शब्दों में से
समय, अँधेरे, बरामदों और किसी बुढ़िया टोकरी में फँसे रह गये क़िस्से से
हम अपनी अंजलि में
आराधना के लिए भला क्या उठाएँगे?

खाली हथेलियों में खिंची गहरी रेखाओं को ताकते हुए
ओठों पर सूख गये अस्फुट मौन से
न जाने कब कूच कर गये देवता के सामने
हम क्या नैवेद्य रख पाएँगे?

हम प्रतीक्षा की खिड़की खोले रखेंगे
हम सम्भावना की दहलीज के पार भटकते रहेंगे
हम बुझी हुई आरती और सूखे फूलों को हताश देखेंगे
हम मन्दिर में
अलक्षित से एक कोने में बैठे रहेंगे।

हम बाहर होंगे :
भटकते कोलाहल से
अन्दर होंगे :
चुप्पी की तरह छाये।
हम पवित्र ग्रन्थ से
बहिष्कृत क्षेपक की तरह
कहाँ जाएँगे?

1990

कहीं नहीं

आकाश कैसे भागेगा ब्रह्माण्ड से?
कहाँ जाएगी पृथ्वी अपनी कक्षा से?
नक्षत्र कहाँ दीप्त होंगे सौरमण्डल छोड़कर?

फूल हरी पत्तियों और झूमती डालों पर नहीं
तो कहाँ फूलेंगे?

जल कहाँ जाएगा
नदी से, सागर से,
मेघ से, प्यास से दूर?

तुम कहीं नहीं जा सकते
अपनी त्वचा और अस्थियों से,
अपनी भाषा से,
अपने प्रेम से।

1987

अन्ततः

चोर दरवाज़ा कोई नहीं है
कि इस धधकते समय में तुम चुपके से
एक जनाकीर्ण स्टेशन से छूटनेवाली
किसी रेलगाड़ी के आखिरी डिब्बे में बैठकर
या किसी राजपुरुष के नगरागमन पर
बेरुखी से स्वागत के झण्डे हिलाती बच्ची के बगल से,
या अँधेरे में धीरे-धीरे पक रहे अमरूद के पेड़ों के पास से
चुपचाप भागकर
कहीं और चले जाओ—

कहीं और भी
सुबह एक साफ़-सुथरे लिफ़ाफे में रखकर
थमा दिया जाएगा तुम्हें गिरफ़्तारी का परवाना—
कहीं और भी
हो सकता है दमकते रथ पर आरूढ़ राजपुरुष तुम हो—
और तुम्हें चकाचौंध में सिर्फ़ झण्डियाँ भर दीख पड़ें, बच्चियाँ नहीं,
पके अमरूद में पड़े कीड़े
तुम्हारी तश्तरी पर भी रेंगने लगें—

चोर दरवाज़ा कोई नहीं है
सब रास्ते जाते हैं—
जन्म से मृत्यु की ओर
कोई नहीं जाता अनन्त की ओर—

प्रार्थना सिर्फ़ एक खिड़की है
जो एक असम्भव अदृश्य रास्ते पर
कुछ देर खुलती
और
फिर बन्द होती है।

1987

वापसी

जब हम वापस आएँगे
तो पहचाने न जाएँगे—

हो सकता है हम लौटें
पक्षी की तरह
और तुम्हारी बगिया के किसी नीम पर बसेरा करें
फिर जब तुम्हारे बरामदे के पंखे के ऊपर
घोंसला बनायें
तो तुम्हीं हमें बार-बार बरजो—

या फिर थोड़ी सी बारिश के बाद
तुम्हारे घर के सामने छा गयी हरियाली
की तरह वापस आयें हम
जिससे राहत और सुख मिलेगा तुम्हें
पर तुम जान नहीं पाओगे कि
उस हरियाली में हम छिटके हुए हैं।

हो सकता है हम आयें
पलाश के पेड़ पर नयी छाल की तरह
जिसे फूलों की रक्तिम चकाचौंध में
तुम लक्ष्य भी नहीं कर पाओगे।

हम रूप बदलकर आएँगे
तुम बिना रूप बदले भी बदल जाओगे—
हालाँकि घर, बगिया, पक्षी-चिड़िया,
हरियाली-फूल-पेड़, वहीं रहेंगे
हमारी पहचान हमेशा के लिए गड्डमड्ड कर जाएगा
वह अन्त
जिसके बाद हम वापस आएँगे
और पहचाने न जाएँगे।

1990

कुछ तो

सब कुछ नष्ट नहीं होगा
कुछ तो बच ही जाएगा।

जले हुए ठूँठों में से एक की नंगी डाल पर
एक नया किसलय,
झर जाएँगे सारे पाप
पर बचा रह जाएगा एकाध
असावधानी से हो गया पुण्य–

उड़ जाएँगी सारी कविताएँ
अनन्त में विलीन हो जाने वाले पक्षियों की तरह,
पर कुछ रूपक और शब्द बचे रह जाएँगे
वनभूमि पर नीरव गिरने वाले पंखों की तरह–

लुप्त हो जाएँगे सारे हिंस्र पशु,
सिंह और चीते और भेड़िये,
पर एक अँधेरी खोह में दुबका रह जाएगा एक
भयभीत खरगोश–

घण्टी बजाते हुए अपनी साइकिल पर लादे
चिट्ठियों और पैकेटों का ढेर आएगा डाकिया,
आधी रात को ऊँघता हवलदार अपनी मेज़ पर
रखेगा सिर और ओहदा,
मोड़ का खोंचेवाला अलस्सुबह चढ़ायेगा चाय की केतली,
मैकेनिक की दूकान पर गन्दा लड़का देगा सरदी को भद्दी गाली,
सब मिटा दिये जाएँगे
जैसे आसानी से खड़िया की लिखत मिटा दी जाती है
पर बची रह जाएगी

जंगल में कण्डे और लकड़ियाँ बीनती एक बुढ़िया
और बिना किसी रसोइये के
बटलोही में खुदबुदाती दाल—

अपनी गाड़ी में ले जाएगी
लादक मृत्यु सारा अम्बार और अटाला
पर छूट ही जाएगी
एक टुटही मेज़ और बाल्टी—

सब चले जाएँगे
सुख-दुख, धैर्य और लालच
सुन्दरता और पवित्रता
पर प्रार्थना के अन्तिम अक्षय शब्द की तरह
बची रह जायेगी कामना—

सब कुछ नष्ट नहीं होगा,
कुछ तो बच ही जाएगा।

1987

कहीं और

चलो, कहीं और चलते हैं
जहाँ समय चाँदनी-सा शीतल बिछा हो
जहाँ गाते हों पत्थर और सुनते हों पेड़
जहाँ टपकते हों शब्द मौलश्री की तरह

चलो, कहीं और चलते हैं

जहाँ पलाश अन्तिम नमस्कार के बाद भी खिला हो प्रसन्न
जहाँ बच्चे खेल रहे हों गेंद की तरह नक्षत्रों से
जहाँ बारिश के बाद के कीड़ों की क़तार की तरह
अनन्त रेंगता हो आसपास

चलो, कहीं और चलते हैं

जहाँ प्रार्थना झरती हो नीम के बौर-सी नीरव
जहाँ पृथ्वी की परिक्रमा करता हो सूर्य
जहाँ चन्द्रमा तुम्हारे उरोजों के बीच दिपता हो
जहाँ धूप मेरी अंजलि में यौवन की तरह एकत्र हो

चलो, कहीं और चलते हैं

1988

सुन्दर बीतता नहीं

सुन्दर बीतता नहीं
ओट हो जाता है
हम उसे खोजते हैं
देवताओं से अरक्षित कोनों-अँतरों में
किसी पूरी याद न रह गई उक्ति में
निश्छाय वृक्षों के नीचे
सूखे गोबर और काठ हो गए फलों के अवसाद में

हम उसे भूलना चाहते हैं
रोज़मर्रा की ऊब में
बेवजह खाने की मेज़ पर हो गई कलह में
आँसुओं की धुन्ध के पार
सुन्दर बीतता नहीं
ओट हो जाता है...

सपने से अधिक

हम अपने सपने से अधिक
कुछ नहीं जान पाए :
सपना भी मिला तो एक साथ नहीं,
इतने सारे टुकड़ों और हिस्सों में
सारे जीवन के टुकड़े-टुकड़े
अधूरे सच पर फैला हुआ।

कभी दिखा
दैत्याकार होता हुआ
स्कूल के बाहर खोंचे की दुकान लगाए
सख़्ती से उधार वसूलता और
प्यार से टाफ़ी और सेव-नमकीन बेचता सिन्धी खोंचे वाला;
कभी हरी घास के मैदान में सर्र से फुँफकारता साँप;
कभी पहाड़ों के बीच से गुज़रती ट्रेन में शाम का
सुन्दर अवसाद-भरा सुनसान;
जंग-लगी बेनोक कीलों के गोल में रखी हुई
एक धूल-भरी कुरसी;
चट्टान पर हाथ, गुफा के बाहर टकटकी लगाए देखता एक रक्तनेत्र;
पुस्तकों में बिला गई एक मूर्ति;
सूखे तालाब के किनारे लुढ़का हुआ एक खाली गिलास :
हम जाने हुए को अनजाने देखते हैं।
और उसे सपना कहते हैं।
सपने में होता है हल्का सा दर्द
जैसे अधेड़ उँगलियों की पोरों में,
सच कभी काफ़ी नहीं लगता,
सपने में रहने की जगह कहाँ!
हम जो करते हैं वही नहीं है हमारी हद,
हम जो नहीं कर पाते वह भी तो हद ही है हमारी,

सपना वह हद है
जिसे हम पार नहीं कर पाते।

दूसरे भी देखते हैं कभी-कभी
आपके लिए सपना :
अपने लहूलुहान सच से उन्हें मुक्ति मिलती है
आपके लिए एक रक्ताभ सपना देखकर।
दूसरे के सपने में आप प्रवेश करते हैं
जैसे एक अधेड़ पहुँचता है अनजाने एक जासूसी कहानी में
एक पुरानी इमारत के जाले-लगे गलियारों में —
नींद में अँधेरे में थकान में
पुराने फ़र्नीचर की लगभग अनसुनी चरमराहट की तरह
सपना अपनी जगह बना है।

न हम ज़िन्दगी नाम की इस जासूसी कहानी का अन्त जानते हैं;
न सपने से अधिक
कुछ जानते हैं।

1998

अपना सारांश बन गई चट्टान

(सैयद हैदर रज़ा के लिए)

हम दूर आ गए हैं
क्षोभ और सलवटों से
विकलता की गलियों के धधकते सुनसान से
पवित्रता से अछूती जगहों की भीड़भाड़ से
हम दूर आ गए हैं...

सदियों से समय को घिस-घिसकर चपटा कर दिया है
अविरल जलप्रवाह में घुलकर चट्टान अपना सारांश बन गई है
आँगन में पड़ती धूप गुनगुना रही है हरियाली को
एक पुराने राग की तरह

हम दूर आ गए हैं

जो कुछ हो चुका बीत और झर चुका
जो कुछ पास से चला गया
जो कुछ रिसते-रिसते रीत गया
वह सब अब अस्थिर है
अंजलि में
पंखुरी की तरह
समय की तरह
शब्द की तरह

हम दूर आ गए हैं

हम पुकार रहे हैं उसे जो नहीं है
हम छू रहे हैं उसे जो कभी आगे होगा
हम खोज रहे हैं उसे जो हमारी आत्मा में बसा है

हम दूर आ गए हैं

कोई झरोखा नहीं है जिससे झाँकना हो
कोई सीढ़ियाँ नहीं हैं जो कहीं ले जाएँगी
कोई दरवाज़ा नहीं है जिस पर दस्तक देना हो

हम दूर आ गए हैं

हम पास आ गए हैं
क्योंकि दूर आना पास आना है दूरी के
क्योंकि ओझल होना ग़ैब के पास जाना है
क्योंकि नाम खोजना आवाज़ का रंग पहचानना है

हम पास आ गए हैं पवित्र नाद के
हम निकट खड़े हैं बिन्दु के
हम किसी शून्य त्रिभुज में आवृत हैं

निकटता के इस सुदूर स्थापत्य में
बीज के पड़ोस में
तहों में
स्फुरित होता सीधा-सरल सच

सच जिसकी आकृति नहीं
सिर्फ़ आकार है...

दूर आ गए हैं
पास आ गए हैं
हम आ गए हैं

हम हैं
न आए हैं
न गए हैं...

1996

एक खिड़की

मौसम बदले, न बदले
हमें उम्मीद की
कम से कम
एक खिड़की तो खुली रखना चाहिए।

शायद कोई गृहिणी
बसन्ती रेशम में लिपटी
उस वृक्ष के नीचे
किसी अज्ञात देवता के लिए
छोड़ गयी हो
फूल, अक्षत और कुछ मधुरिमा।

हो सकता है
किसी बच्चे की गेंद
बजाय अनन्त में खोने के
हमारे कमरे में अन्दर आ गिरे और
उसे लौटायी जा सके।

देवासुर संग्राम से लहूलुहान
कोई बूढ़ा शब्द शायद
बाहर की ठण्ड से ठिठुरता
किसी कविता की हलकी आँच में।
कुछ देर आराम करने रुकना चाहे।

हम अपने समय की हारी होड़ लगाये
और दाँव पर लगा दें
अपनी हिम्मत, चाहत, सब कुछ—
पर एक खिड़की तो खुली रखना चाहिए

ताकि हारने और गिरने के पहले
हम अँधेरे में
अपने अन्तिम अस्त्र की तरह
फेंक सकें चमकती हुई
अपनी फिर भी
बची रह गयी प्रार्थना–

1990

अदृश्य

कोई नहीं चलता जिस पर
ऐसी एक पगडण्डी
उतरती चली जाती है नदी पर—

झुकती है एक डाल फूलों-भरी
झरने पर
जिसे कोई नहीं देखता—

एक शब्द जो खेल-खेल में बनाते हैं
मुहल्ले के फटेहाल बच्चे
और भाषा या शब्द कोष में शामिल होने के पहले
भुला दिया जाता है—

एक प्रार्थना जो
उठती है करुण और एकाग्र
पर किसी देवता तक पहुँचने के पहले
ठिठककर रह जाती है
दहलीज़ पर ही—

एक कविता
जो लुप्त शब्द की प्रार्थना
निर्जन पगडण्डी पर झुकी डाल से
बनती है
आकाश में एक घोंसले की तरह
प्रतीक्षा में
धीरे-धीरे
अदृश्य।

1988

दस्तक

दरवाज़े पर दस्तक
एक हरी पत्ती की,
एक लगभग अदृश्य कीड़े की,
किसी पिछली सदी से चली हवा की
एक अटपटे बालशब्द की।

दरवाज़े पर दस्तक
सन्तों की,
सरदी से ठिठुरते बच्चों की,
व्याधियों से बची आत्माओं की

दरवाज़े पर दस्तक
दिवंगत माँ की,
जंगल में बिला गये गान की,
यातनादीप्त चेहरे लिये पूर्वजों की

दरवाज़े पर दस्तक
अजन्मे पोते की,
भविष्य की अंजलि में झरने वाले
क्षण की
अगले जन्म में व्यापनेवाली व्यथा की।

दरवाज़े पर दस्तक
कभी न खुलनेवाले दरवाज़े की।

दरवाज़े पर दस्तक
नीरव मृत्यु की,
घबराये हुए देवताओं की,
विक्षुब्ध अनन्त की।

1987

तलाश

उस अँधेरे रास्ते पर मुझे
दूसरी शताब्दी की एक बच्ची मिली
जो अपने घर पहुँचने की कोशिश में थी।

वह रास्ता कुछ भूल-सा गयी थी,
पर उसे विश्वास था कि आगे जाकर
ठीक मोड़ आ जाएगा
और वह जल्दी ही घर पहुँच जाएगी।
उसे डर सिर्फ़ यह था कि
उसके देर से पहुँचने के कारण
क्रोध से उसका छोटा भाई
उसकी पोथियाँ तहस-नहस न कर दे।

वह कहाँ से आ रही थी
यह मैंने नहीं पूछा।
दरअसल शुरू में तो मैंने उसे लक्ष्य ही नहीं किया।
पता नहीं कब, मैंने पाया कि वह मेरे साथ है।
उसका ख़याल था कि मुझे रास्ता मालूम है—
मै उसे कैसे बताता कि मुझे भी रास्ते की तलाश है।

आगे पेड़ के नीचे बाईसवीं शताब्दी का एक बूढ़ा
बैठा था—
और उसने बताया कि जहाँ हम जाना चाहते थे वहाँ
कई रास्ते जाते हैं।
उसने यह भी कहा कि आगे अच्छी धूप होगी
और काफ़ी लोग मिलेंगे,
बस्तियाँ भी।

तब से हम चल रहे हैं–
बहुत देर से एक घर भी दिख रहा है,
जहाँ हम उम्मीद करते हैं कुछ गुड़-पानी मिलेगा।
उसके पार धूप भी दीखती है–
पर अपनी-अपनी उम्मीद लिये,
फिलहाल हम चल रहे हैं–
उस मोड़ की ओर,
उस घर की ओर,
उस जल और धूप की ओर।

1987

अगर समय होता

तुम्हारे पास समय होता
तो मैं तुम्हें ले चलता
उस कगार पर
जहाँ से दीखते हैं तीनों लोक
और प्रलय के बाद
जलधि पर तैरता
पत्ते पर लेटा
अँगूठा चूसता शिशु—

या उस खँडहर में
जहाँ धीरोदात्त नायक बूढ़े चौकीदारों की तरह
लालटेन लिये
भटकते हैं शताब्दियों पार की अमावस्या में—

उस वृक्ष के नीचे
जहाँ ध्यानमग्न बैठे हैं
न जाने कब से
महाकाल, गरुड़ और पद्मपाणि—

तुम्हारे पास समय होता
तो मैं तुम्हें सुनाता
अज्ञातकुलशीलों की वीरगाथाएँ,
लुप्त पाण्डुलिपियों से प्राचीन पद्य,
और देवताओं की कानाफूसियाँ।

उधर सरहद के पास
चट्टान के नीचे

कीड़े-मकोड़ों का मनोरम संसार,
बैकुण्ठ के पास रँभाती कामधेनु–

पर तुम जल्दी में हो
संसार, घरबार, रोज़मर्रा के कामों से
तुम्हें फ़ुरसत नहीं है–
अन्यथा दूर नहीं जाना था,
सब कुछ यहीं पास ही था,
तुम्हारे पास अगर समय कुछ होता।

1987

सुबह

यहाँ ठहरे समय को पता नहीं
सुबह कब होगी
सामने के ऊँचे पाषाण-शिखर को
धूप आने के पहले पता ही नहीं चलता कि
क्या समय है

एक प्राचीर पर बैठी काली-लाल चिड़िया
सहमकर ठण्डे उजास में
सोचती है कि धूप के आघात के पहले
चहचहाकर सुबह होने दे या नहीं।

2

इस पवित्र सुनसान में
बिखरे प्राचीन प्रार्थना के बिसरा दिये कुछ शब्द :
उन्हीं में से किसी एक को
वरदान की तरह दीप्त कर देती है
कठिनाई से प्रवेश पा सकी सुबह की धूप
ऐसे कि ईश्वर को भी पता नहीं चल पाता।

3

ठहरे-ठिठके-जमे समय के आरपार
फैल गयी धूप
होने की निष्कलंक आभा
फिर उठी पुकार

फिर आयी आवाज़
सुनायी दी पदचाप
फिर माथा, अभिमान और शब्द
झुके प्रार्थना में...

1994

पैरिस में सुबह

कुछ बदलता नहीं है
सिर्फ़ लगता है बदल गया
जैसे शब्द-चयन या पराये शहर का मौसम

खिड़की से हम देखते हैं
डाकिया थमा जाता है
दूर से आयी चिट्ठियाँ

घण्टी बजती है कहीं
हम फ़ोन उठाकर आवाज़ देते हैं
अपनी दिवंगत दुनिया से

कहना मुश्किल है कि
सड़कें रात की बारिश से नम हैं या ओस से
जल्दी ही सूरज
रोज़मर्रा का जीवन
उन्हें सुखा और सख़्त कर देंगे

हमें अपनी ख़बर नहीं है
पर संसार भर की ख़बरें मिल रही हैं
हर घण्टे रंगीन और तुरत-फुरत

एक अधछिला नाखून तंग कर रहा है
स्कूल में सीखी प्रार्थना का एक शब्द
कल से याद ही नहीं आ रहा है

थकान में नींद में पराये बिस्तर में
जब हम सुबह उनींदे थे

ज़िन्दगी फिर छोड़ गयी
हर दिन की तरह
मौत का एक अलिखित सन्देश

कुछ बदलता नहीं है
सिर्फ़ लगता है बदल गया है

1994

कितना बजा है?

कितना बजा है
पूछता है सत्रहवीं शताब्दी के अँधेरे में
बुर्ज़ पर खड़ा एक चौकीदार
अपनी लालटेन की कम होती रोशनी में—
किसी यहूदी कवि की रचनाओं का
अनुवाद करने की कोशिश में बेहाल
भारी फ्रेम के चश्मेवाली लड़की पूछती है,
मानो किसी प्राचीन ग्रन्थ के
सर्वज्ञ नायक से
कितना बजा है—

थककर चूर हुआ दुर्दान्त बूढ़ा देवता
जम्हाई लेता हुआ
चीख़ता है शून्य में
कितना बजा है—

कुँजड़िनों के झगड़ों से त्रस्त
और अपनी स्कूली पुस्तकें कहीं न पाने से दुखी
छतों की दूकान के सामने
पैसे न होने के बावजूद ललचाता हुआ एक बच्चा
जानना चाहता है एक मुस्तण्ड खरीददार से
कितना बजा है—
अपने जीवन की धुन्ध से घिरा
बचपन के मुबहम होते जाते चेहरों को
खोने के पहले याद करता हुआ
रक्त के मौन में कहीं
दूर से आ रही पुकार सुनता हुआ
मैं इसी अधबनी कविता से पूछता हूँ
कितना बजा है?

1990

यह समय है

मिशेल अज़ामा के लिए उनका एक नाटक पढ़कर

कितना बजा है?
कहाँ?
क्या हम समय पर हैं?
किसके समय पर?
क्या हम पहले आ गये हैं?
किससे पहले?
वे कब तक आएँगे?
कौन?
जिनसे हमें मिलना है?
पता नहीं?
क्या यह वही जगह है?
कौन सी जगह?

यह कोई जगह नहीं है
यह समय है
यहाँ किसी को किसी का इन्तज़ार नहीं है
यहाँ न पहले है, न बाद में
न घड़ी, न पता-ठिकाना

यह समय है
यह जगह नहीं है
यहाँ कोई नहीं आता...

1994

समय अब यहाँ नहीं

समय अब यहाँ नहीं आता
आता है सिर्फ़ काल
अपनी भारी पदचापों से
शताब्दियों पुराने लम्बे गलियारों में
जो निश्शब्द और निष्प्रतीक्ष हैं।

धूप आती है
कभी-कभी प्राचीन पत्थरों के रेशों को
अकारण रौशन करती हुई,
ओस गिरती है
चुपचाप
कभी न मुरझाने-सूखने वाली
प्राचीन हरीतिमा और दूर्वा पर,
और वहाँ प्रार्थना की तरह नम ठहरी रहती है
धूप आने के काफ़ी बाद तक।

उसकी पदचाप सुनायी नहीं देती
पर वह आती है
काल के पहले,
समय को अपने नेत्रों की चमक में छुपाये हुए
अपनी उँगलियों में समय को अनायास लपेटे हुए
समय यहाँ नहीं आता
पर वह आती है...

1994

यही हमारा समय है

यही हमारा समय है–
मुँहफेरे शोर से बचाकर सहेजे कुछ शब्द
मेज़-भर वसन्त
बौराने के बाद भी निष्फल आम्रवृक्ष
बीच-बीच में भजन की तरह अनुगूँजता
दिवंगत माँ का अपमान
यही हमारा समय है।

यह कविताओं और प्रेम में बार-बार लौटता अनन्त
ऊपर जा रही नसैनी पर फिसलता पाँव
क़िले की दीवार की दरार में उग आयी घास
यही हमारा समय है।

यह ढलान पर ठिठकती-सी आयु
काग़ज़ों के बीच रखी और बिसरा दी गयी पवित्रता
धूल-बवण्डर के पार
अचानक उठा अभय का हाथ
यही हमारा समय है।

यह कर्फ़्यू से झड़ी-पुँछी सड़क पर
दस बरस की लड़की का
खड़िया से खाका बनाकर बेखबर खेलना
बूढ़े का हर सुबह मृत्यु को धूल की तरह बुहारकर
घूरे पर फेंकना
उम्मीद की आखिरी बस की देर तक प्रतीक्षा
यही हमारा समय है।

यह सदियों का गलियों में बिल्लियों की तरह घूमना
चिथड़ों की तरह सपनों का मोड़ पर फड़फड़ाना
आँगन-भर धूप, धूल से ढँकी-सी चाँदनी
रुक-रुककर होती बारिश
बार-बार जलती-बुझती आग
सहमकर बहती हवा
यही हमारा समय है

यह भरोसा ढहाकर किया गया अश्लील अट्टहास
निर्लज्जता का दिग्विजय के अश्व पर देशाटन
आततायियों के तहखानों में
सुरंग लगाकर पहुँचा आदिसत्य
यह बस्तियों के ऊपर घृणा का मेघाच्छादन
यही हमारा समय है।

यह थोड़ी देर के लिए हाथ में हाथ
प्रसन्न आँसुओं में बहते भय के रेशे
मुकाम आ जाने के बाद भी
बस की अपनी सीट न छोड़ने की इच्छा
यह दुख की अपार रेत में
अकस्मात् गड़ता सुख का पैना-सा कंकड़
यही हमारा समय है।

समय के पास समय

समय के पास
सबके लिए समय है।

लहू गिरता है
और ज़मीन पर सूखकर एक काला धब्बा बन जाता है :
प्रियाधर से झरता है एक शब्द
शून्य में लीन हो जाता है;
बच्चे की चकित आँखों में समाई छवि धूमिल पड़ती
लोप हो जाती है;
थके अधेड़ की भौंह का एक बाल होता है सफ़ेद;
भीड़ में पसीने की गन्ध बहा ले जाती है हवा की एक लहर;
एक हाथ को थामे दूसरा हाथ पथराता है;
खिड़की से धीरे-धीरे खिसकता जाता है चन्द्रमा।
समय के पास सबके लिए समय है।

कविता में वैसा ही बना रहता है यौवनागम का उछाह,
शब्द में अक्षर रहती है ग़रीब बेपनाह बच्चे की सहज मुसकान,
रंगों में होता रहता है एक निरन्तर सूर्योदय–
समय फेंकता है हाशिए पर कविता को,
घायल करता है शब्द को,
पोंछने की कोशिश करता दृश्यपट को।

कई बार समय को लगता है कि
न बीतने दे उच्छल केलि को,
न झरने दे उस अकस्मात् उभर आए किसलय को,
न समाप्त होने दे
भीड़ से निकलने की जल्दी में
ओठों पर लरजती प्रार्थना को–

भूल जाए अपने समय होने को
बीतने-रीतने की विधा होने को

समय ठिठकता है,
समय चाहता है अपनी कक्षा से बाहर आना,
समय ऊबता है अपने समय होने से।

समय चाहता है
जानबूझकर कुछ को अपने घेरे से बाहर छोड़ देना,
कुछ को नज़रअन्दाज करना,
कुछ को भूल जाना।

समय के पास
अपने लिए ही समय नहीं है
समय के पास सबके लिए समय है।

1998

अब वक़्त ही कहाँ बचा है

शताब्दी समाप्त होने में डेढ़ बरस बाकी हैं,
नल में बची हैं पानी की आखिरी बूँदें,
इस बार बहुत कम फले आम में हिलगी रह गई
एकठो अमिया को कुतर रहा है सुबह से ही एक तोता–
अब वक़्त ही कहाँ बचा है :

देवताओं के चेहरे म्लान हैं,
बन्द हो गई हैं पड़ोस में बज रहे संगीत की सुरलहरियाँ,
बच्चे अपने बेखिलौने के खेल से उकता गए हैं,
उझका फिर तुरत ओट हो गया कत्थई गुलाब–
अब वक़्त ही कहाँ बचा है :

अपनी कक्षा पर थक रही है पृथ्वी,
बस-अड्डे पर खड़ी अगली बस में रखा जा चुका बम,
परछी और हरी घास से दूर जा चुकी धूप–
अब वक़्त ही कहाँ बचा है :

फिर भी बिना थके या ऊबे,
वक़्त के इस तरह न बचने को
गर्दिश में भी कुछ-न-कुछ रचने को

अचरज से निहार रही है कविता–
भले ही उसे उधर छत पर या क्षितिज पर
ऐसा करते देखने का
अब वक़्त ही कहाँ बचा है!

1998

थोड़ा-सा इतिहास

हमें थोड़ा-सा इतिहास चाहिए
बस इतना कि
जैसे नलके में पानी न आ रहा हो
तो चुल्लू-भर पानी से भी मुँह धोया जा सकता है।

ज़्यादा इतिहास पुस्तकों-पोथियों और
पुरानी इमारतों के पास है।
हमारी ज़िम्मेदारी तो इस आड़े-तिरछे समय में
किसी तरह बचे रहने की है,
इतिहास बनाने-बचाने का ज़िम्मा
सौभाग्य से हम पर नहीं है।
जीने के लिए थोड़ा इतिहास चाहिए
जैसे थोड़ा-सा सच
और थोड़ा सपना।

जिन पर है इतिहास का बोझ
वे अब साफ़-साफ़ हमारे मुहल्ले में दिखाई नहीं देते।
शायद तड़के घूमने जाते हों अपने कुत्ते के साथ,
शायद देर रात को कोई मोटी पोथी बाँचते-लिखते हों,
शायद किसी तहखाने में
कोई छुपी चीज़ या रहस्य खखूरते हों दोपहर के सुनसान में।

सुनते हैं लड़ाइयाँ करीब-करीब ख़त्म हो चुकी हैं।
कहते हैं रोज़मर्रा की झंझटें ही इन दिनों बना रही हैं इतिहास।
कोई पुराना हथियार, कोई पुरामूर्ति, कोई जर्जर पाण्डुलिपि
नहीं छोड़ गये हमारे पुरखे
जिसे हम किसी संग्रहालय को बेच सकें।

हमें हार-जीत का कौशल नहीं
जीने की सीधी-सादी हिकमतें चाहिए
और उसके लिए थोड़ा-सा इतिहास काफ़ी है।

आख़िरी शाम की प्रार्थनाएँ

1

झरती पत्ती का एकान्त
कुम्हलाते फूल की रात
यहाँ के विजड़ित सुनसान का सूर्योदय
ऐसी सम्भावना दो कि
यह सभी कविसमय हों।

2

प्रार्थना में लग गये ग़लत स्वर को वर्जना दो
कविता में आ गये अनावश्यक शब्द को संकोच दो
प्रेम में छा गयी मेघावली को विद्युल्लता का तनाव दो

3

चतुर्थी के चन्द्रमा को रहने दो थोड़ी देर और
चाहत की लगातार जलती लौ को प्रज्वलित रहने दो थोड़ी देर और
शब्दों को अँधेरे में वाक्य-च्युत रहने दो थोड़ी देर और

4

इतनी सावधानी दो कि
जाने के पहले सब कुछ साफ़-सुथरा कर सकें,
इतनी सुघरता कि

अपना दुख और विफलता यथास्थान रख सकें
दूसरों के मत्थे नहीं,
इतना धीरज दो कि
अपने सामान में निस्संकोच बाँध सकें
थोड़ा सा एकान्त, कुछ भय,
भविष्य के लिए कुछ उम्मीद
और अपनी अतल निराशा...

1994

आविन्यों-1

इतने दिनों बाद भी
वहाँ जो हरा था वह अब भी
यहाँ भी हरा है
घास हो कि घाव...

सात-आठ सदियों के बाद भी
वही है दोपहर
वही नदीतट
प्राचीन भाषा में गायी जानेवाली प्रार्थनाएँ
वही सूली चढ़ा मसीहा
वही गलियों में भटकते-ठिठकते देवता और बूढ़े फ़रिश्ते...

गर्मियों में देर से होता सूर्यास्त
प्राचीन प्राचीरों में घिरा विफल प्रेम
अपनी झोली में लिये हारे-थके शब्द और पीताभ रूपक...
कवि देखता है :
आयु के नगर पर
अवसान की मेघच्छाया,
मूक रुदन करता समय
रक्त की धीमी होती लय
कविता में गहरा होता अँधेरा

इतने दिनों बाद भी...

ईश्वर के चार विलाप

यों मुझे न तो थकना चाहिए
न ही बूढ़ा होना
लेकिन बूढ़ा-थका और अकेला मैं
अपनी ही रची सृष्टि में क़ैद
कभी-कभी इसलिए रोता हूँ कि संसार में
मैंने अपने सिवाय किसी को अनश्वर नहीं बनाया :
ऐसी अनश्वरता किस काम की जो दूसरे किसी को अनश्वर न करे।

कहने को मैं अकेला हूँ
पर कहाँ : मेरा मन अपनी सृष्टि के बिना कहाँ लगता है?
किसी को अकेले रहने की आदत नहीं—
न पृथ्वी को, न सूर्य-चन्द्र को,
न चींटी को न फूल को न पुजारी को,
न सन्त को न लफंगे को—
मुझे कभी-कभी इस पर रोना आता है कि
हे ईश्वर, संसार में कोई भी एकदम अकेला क्यों नहीं है!

कभी-कभी मुझे लगता है कि
क्यों मैंने आदमी को समय दे दिया
जिसे उसने इतिहास में
संहार में बदल दिया :
समय का अर्थ ही अत्याचार हो गया।
किसी अँधेरे कोने में
या किसी सड़कबत्ती की धीमी रौशनी में
जब बदहवास भीड़ें, नृशंस सैनिक और वहशी दंगाई जा चुके होते हैं
तब एक डरे अभागे बच्चे सा मैं सिसकता हूँ।

मैंने यह दुनिया बनाई थी
क्योंकि मैं खुद को देखना चाहता था
और अब पछताता हूँ कि इस आईने को क्या हुआ
यह कैसे ऐसा हो गया कि
मेरा अक्स उसमें टुकड़ों-टुकड़ों में बिखरा नज़र आता है:
रोता हूँ कि या तो मैं अब साबुत और पूरा नहीं रहा
या कि मेरी ही दुनिया ने ही मुझे टुकड़े-टुकड़े कर डाला।

1998

सुख का प्रस्ताव

मैं सुख का प्रस्ताव करता हूँ—
इस चिलचिलाती धूप में
प्रसन्न खिला है अपने सारे अंग-प्रत्यंग भर अमलतास
फूलों-भरा गुलमोहर अपनी ही लौ-लपक से
इतना घिरा है कि
नज़र तक नहीं आती उसकी हरी पत्तियाँ;
दुःस्वप्नों और चिन्ता के कड़े समय में
मैं प्रस्तावित करता हूँ थोड़ी देर के लिए
सब-कुछ को, इस समूचे बीहड़ संसार को
अपनी परिक्रमा में रत इस पृथ्वी को भूलने-तजने-छोड़ने को
और सिर्फ़ उस स्पन्दन को सुनने को
जो परस्पर हम दोनों का है;
एक दिन मुरझाने की प्रतीक्षा से दुखी
या अन्ततः झर जाने की नियति से उदास नहीं है
अमलतास या कि गुलमोहर
उन्हें जितना समय मिला है
उसमें प्रसन्न खिले हैं
इस समय को अपने रंग में रँगते हुए
और पँखुरी-पँखुरी-चुनते और बिखेरते सुख—
मैं इसी सुख का प्रस्ताव करता हूँ।

हम अभी खिलें
हम अभी काल से छीनकर
इन क्षणों को भरें सुगन्ध से, अभिषेक से
हम पर सुख की छाया हो—
मैं इसी सुख का
जो सिर्फ़ हमारा है
हम ही से है
हम ही तक है—प्रस्ताव करता हूँ।

प्रतीक्षा-2

हम प्रतीक्षा कर रहे हैं
समय के पहले छूटी हुई रेलगाड़ी के
अपने स्टेशन पहुँचने की
सदियों से न हो सके चमत्कार के अपने घर में
चुपचाप हो जाने की

हम प्रतीक्षा कर रहे हैं
अगली बस से
अपने पुरखों के बहुत सारे असबाब के साथ
उतरने की

हम प्रतीक्षा कर रहे हैं
शताब्दियों पहले की किसी जर्जर पाण्डुलिपि में
अपना नाम-पता पाने की

हम प्रतीक्षा कर रहे हैं
खिड़की के खुलने की
दरवाज़े की
दस्तक की
भरोसे-भरे हाथों की
दिलासा देने वाली आँखों की
गुड़पानी की/कड़ी धूप के बाद/छाँह और उम्मीद की/परछी की
हम प्रतीक्षा कर रहे हैं—

अगर जब कभी-कभी

अगर वह तोता उस वृक्ष पर बैठकर फल न कुतर रहा होता तो इतनी देर हरियाली का वहाँ ठहरना मुश्किल था। अगर हरियाली उतनी देर ठहरी न रहती तो धूप में इतना उजास बना रहना मुश्किल था। अगर उस उजास में वह बच्चा लगातार खेलता न रहता तो मुश्किल था उस पड़ोसी बूढ़े का वहाँ रमे रहना। अगर वह इतना रमा न होता तो उस बूढ़े को कब का मौत या कोई दुर्घटना उठा ले गयी होती।

जब वह आदमी उस सड़क पर भटकते हुए आया तब उसके दोनों ओर लगे पेड़ों ने उसे देखा तो, वह भटक रहा है इसका उन्हें पता नहीं चला। जब वह नीलकण्ठ, बिना दशहरे के, एक साधारण दिन की शाखा पर शुभ बैठा था तब उसे किसी ने नहीं देखा क्योंकि सब लोग कुछ और देखने में व्यस्त थे। जब उस चम्पे के फूल को एक पल के लिए उसने उस गौर उरोज पर दमकते तिल पर रखा तब उस दोपहर ने पहली बार सोचा कि कितनी शताब्दियों से बार-बार खिलता-मुरझाता चम्पा इसी क्षण की सुषमा तक पहुँचने का उपक्रम कर रहा था।

कभी-कभी दूर पहाड़ी पर बने मन्दिर में अपने-आप जल उठती है दीपशिखा और दूर-दूर तक गूँजता रहता है एक अस्पष्ट गान। कभी-कभी किसी गुफा में बसेरा कर रहा परदेसी पक्षी भोर की लालिमा में टुकुर-टुकुर ताकता है निरभ्र आकाश। कभी-कभी किसी पुरानी पोथी का एक पथहारा शब्द करता है किसी अधलिखी कविता के ओसारे में विश्राम।

अपनी अंजलि में

मैं अपनी अंजलि में उठाता हूँ पूरा संसार–
असंख्य देवता, वनस्पतियाँ, नक्षत्र
झरने में डूबी चट्टानें,
अक्षांश और दसवीं शताब्दी–
पक्षियों में बदल गये पूर्वज
अनसुनी वन्दना, बचपन में
चोरी से जमा पत्थरों-बीजों के ढेर

मैं उठाता हूँ
तारों से भरा
सौभाग्य की तरह
दिपता दिगम्बर आकाश,
शस्य श्यामल पृथ्वी।
मैं अपनी अंजलि में भरता हूँ महासागर,
महाद्वीप
और पहाड़ी रास्ते पर चाय की दूकान से आग–

मैं अपनी अंजलि में
फूलों की तरह धरता हूँ
चन्द्रमा और सूर्य को,
मैं सरस प्रत्येक क्षण की
रिक्त अंजलि में ललककर
मौलश्री के फूल-सा निर्भर झरता हूँ–
मैं उठाता हूँ
आशीर्वाद की तरह
अहरह झरने
अन्तःसलिल सरस्वती,
चबूतरे पर बच्चों की छीनाझपटी–

मैं उठाता हूँ
अपनी कविताएँ, अधूरी चिट्ठियाँ,
पुराने प्रेम, पुरातन भाषाएँ
मेले की रंगबिरंग छबियाँ
भोर का धीरे-धीरे चहकता मौन
अवसान की प्रतीक्षा में स्थिर बूढ़ा–

तुम जो शब्द से, कामना से
प्रार्थना से दूर हो–
मैं तुम्हारे सामने
निश्छल
अपनी अंजलि में उठाता हूँ
पूरा का पूरा संसार–

1987

उम्मीद चुनती है 'शायद'

उम्मीद चुनती है अपने लिए एक छोटा-सा शब्द
शायद—

जब लगता है कि आधी रात को
दरवाज़े पर दस्तक देगा वर्दीधरी
किसी न किए गए जुर्म के लिए लेने तलाशी
तब अँधेरे में पालतू बिल्ली की तरह
कोने में दुबकी रहती है उम्मीद
यह सोचते हुए कि बाहर सिर्फ़ हवा हो
शायद।

फूलों से दबे सन्दिग्ध देवता के सामने हो रही
कनफोड़ आरती, कीर्तन
और घी-तेल की चीकट गन्ध में
किसी भुला दिए गए मन्त्र की तरह
सुगबुगाती है उम्मीद
कि शायद अधपके नैवेद्य और चिपचिपाती भक्ति के नीचे
बची रह गई हो थोड़ी-सी प्राचीन पवित्रता।

जब लगता है कि भीड़-भाड़ भरी सड़क पर
सामने से बेतहाशा तेज़ आ रहा बेरहम ट्रक
कुचलकर चला जाएगा
उस न-जाने-कहाँ से आ गई बच्ची को
तभी उम्मीद
किसी खूसट बुढ़िया की तरह
न-जाने-कहाँ से झपटकर
उसे उठा ले जाएगी
नियति और दुर्घटना की सजी-धजी दूकानों के सामान को

तितर-बितर करते हुए।

शायद एक शब्द है
जो बचपन में बकौली के नीचे खेलते हुए
अकस्मात् झरा था फूल की तरह
शायद एक पत्थर जो खींचकर किसी ने मारा था
परीक्षा में अच्छे नम्बर न पाने की उदासी पर
शायद एक खिड़की है जिससे देखा था
धूमिल होती जाती प्रियछवि को
शायद एक अनजली अस्थि है
जिसे मित्रशव को फूँकने के बाद
हम वहीं भूल गए
जहाँ चिता थी
और जिसे आज तक किसी नदी में सिरा नहीं पाए हैं।

उम्मीद ने चुना है
एक छोटा-सा पथहारा शब्द
'शायद'।

रचना

उजाला एक मन्दिर बनाता है—
ठण्डी हवा में काँपते पौधों और पत्तियों के बीच के
धुँधले-से अवकाश में,
मन्द होती इच्छा की कुम्हलाती-सी घास में,
प्रेम के अवसन्न आकाश में
उजाला एक मन्दिर बनाता है।

निराशा पूरती है चौक,
कोनों में अटका रह गया अँधेरा गाता है मंगलगान,
अधेड़ आयु झिझकते हुए बढ़ाती है दीपक की लौ,
उजाला एक मन्दिर बनाता है।

अपने लिए जगह तलाशते झाँकते हैं देवता,
मृत्यु-शारदा की पहाड़ी की नीचे बैठे
अपने ही संगीत में तपते हैं कुमार गन्धर्व,
उजाला एक मन्दिर बनाता है।

यातना पूजा के फूलों की तरह
समर्पित और नष्ट होने के लिए सजी है,
दुस्स्वप्न ला रहे हैं दूर्वा के तिनके,
अकस्मात् आ गया दूरदेश का पक्षी
टुकुर-टुकुर देखता है...
उजाला एक मन्दिर बनाता है।

आवाज़

सब हमें आवाज़ देते हैं
इस शहर में विजड़ित देवदूत और कविप्रियाएँ
अनदेखे मोड़ों पर ठिठका हुआ अँधेरा
अन्तरिक्ष में भटकते
कविताओं में न जा पाये शब्द

सब हमें आवाज़ देते हैं
अगली बार के लिए स्थगित रति
आँखों में सजल भर आया पुरातात्त्विक भविष्य
निराशा की तरह खड़ी पत्रहीन गाछों की क़तारें
उम्मीद के सुगबुगाते किसलय
गिरजों के शिखरों पर धूप की तरह ठहर गयी प्रार्थना
सब हमें आवाज़ देते हैं

स्वप्नलिपि में लिखा गया संगीत
फिर पायी जाने के लिए जानबूझकर खो गयी चीज़ें
गली में आहट के पहले की चुप्पी
सैलानी के चले जाने के बाद
पार्क की बेंच की ठण्डी उदासीनता

सब हमें पुकारेंगे
दरवाज़ा खुलेगा अकस्मात्
पोथी में नाम लिखा जाएगा अकस्मात्
करस्पर्श से जागेगा कुचाग्र अकस्मात्
एक ललित उत्सर्ग की तरह
अपने को निश्शेष करने का समय होगा अकस्मात्

जब कुछ नहीं बचेगा
सब हमें पुकारेंगे...

एक हरी बिल्ली

एक हरी बिल्ली जिसके हरेपन पर एक भूरा धब्बा है
पूर्ण सूर्यग्रहण के पार से
खोजती है अन्तरिक्ष में अँधेरी हो गयी पृथ्वी को

हरी घास निकलती है घूमने आकाश में
आकाश निकलता है डूबने चन्द्रोदय में
चन्द्रमा निकलता है
शब्द की निर्मल नीलिमा में

हरी पत्तियों पर गिरती है बारिश
बारिश फिसलती है हरी काई पर
काई में दुबकते हैं कई पद्य-स्वप्न

समय को रौंदता हुआ चल रहा है हरा
हरे से लगातार अथक ग़प लगा रहा है भूरा
कविता अपने अनुराग में
चुप्पी पर दस्तक दे रही है...

परिशिष्ट

कृतिवृत्त

कविता संग्रह :

1. शहर अब भी सम्भावना है, 1966, भारतीय ज्ञानपीठ, बनारस, नयी दिल्ली।
2. एक पतंग अनन्त में, 1984, राजकमल प्रकाशन, नयी दिल्ली।
3. अगर इतने से, 1986, राजकमल प्रकाशन, नयी दिल्ली।
4. तत्पुरुष, 1989, राजकमल प्रकाशन, नयी दिल्ली।
5. कहीं नहीं वहीं, 1991, राजकमल प्रकाशन, नयी दिल्ली।
6. बहुरि अकेला, 1992, संस्कृति प्रतिष्ठान, नयी दिल्ली।
7. आविन्यों, 1995, राजकमल प्रकाशन, नयी दिल्ली।
8. अभी कुछ और, 1998, प्रवीण प्रकाशन, नयी दिल्ली।
9. समय के पास समय, 2000, राजकमल प्रकाशन, नयी दिल्ली।

कविता संचयन :

1. घास में दुबका आकाश, 1994, वाणी प्रकाशन, नयी दिल्ली।
2. थोड़ी-सी जगह, 1994, राधाकृष्ण प्रकाशन, नयी दिल्ली।
3. होना पृथ्वी न होना आकाश, 1994, मोदी कला भारती, नयी दिल्ली।
4. पुनरपि, 1995, भारत भवन, भोपाल।
5. तिनका-तिनका, 1996, प्रवीण प्रकाशन, नयी दिल्ली।
6. जो नहीं है, 1996, किताब घर, नयी दिल्ली।
7. प्रतिनिधि कविताएँ (संपादक—अरविंद त्रिपाठी), 1999, राजकमल प्रकाशन पेपरबैक, नयी दिल्ली।
8. आधुनिक कवि, 2001, हिन्दी साहित्य सम्मेलन, प्रयाग।
9. चुनी हुई कविताएँ (संपादक--मदनसोनी), 2001, वाणी प्रकाशन, नयी दिल्ली।

अनुवाद :

1. तत्पुरुष, 1992, अनुवाद–किशोर शाह : गुजराती : श्रीमती नाथीबाई दामोदर टाकरसी महिला विद्यापीठ, मुम्बई।
2. तरी एकाकोच, 1993, अनुवादक चन्द्रकान्त पाटील : मराठी : आन्ध्रप्रदेश मराठी परिषद्, हैदराबाद।
3. कठै नीं बठै, 1995, अनुवादक–चन्द्रप्रकाश देवल, साहित्य अकादेमी, नयी दिल्ली।
4. आल बट एलोन, 1996, अनुवादक–कृष्ण बलदेव वैद, आर्लीन ज़ाइड, तेजी ग्रोवर और विजय मुंशी : अंग्रेज़ी : हर आनन्द पब्लिकेशन, नयी दिल्ली।
5. आकाश तृणे लीन, 1997, अनुवादक–अमितेश मैती : बंगला : पोएट्री एण्ड आर्ट इण्डिया, कलकत्ता।
6. कहीं नहीं वहीं, 1998, अनुवादक–सादीक : उर्दू : साहित्य अकादेमी, नयी दिल्ली।
7. मैटाफ़ॉरी, 2000, अनुवादक–रैनाटा चैकाल्स्का : पोलिश : आफ़िसिएना लिटेरेका, क्रैको।

आलोचना पुस्तकें :

1. फ़िलहाल, 1970, राजकमल प्रकाशन, नयी दिल्ली।
2. कुछ पूर्वग्रह, 1986, राजकमल प्रकाशन, नयी दिल्ली।
3. समय से बाहर, 1994, वाग्देवी प्रकाशन, बीकानेर।
4. कविता का गल्प, 1996, राधाकृष्ण प्रकाशन, नयी दिल्ली।
5. सीढ़ियाँ शुरू हो गयी हैं, 1996, वाणी प्रकाशन, नयी दिल्ली।
6. बहुरि अकेला, 1999, वाणी प्रकाशन, नयी दिल्ली।
7. कभी-कभार, 2000, वाणी प्रकाशन, नयी दिल्ली।

आलोचना-संचयन :

1. कवि कह गया है, 2000, भारतीय ज्ञानपीठ, नयी दिल्ली।
2. चुनी हुई रचनाएँ, 2001, संपादक–मदन सोनी, वाणी प्रकाशन, नयी दिल्ली।

सम्पादित पुस्तकें :

1. तीसरा साक्ष्य, 1997, सम्भावना प्रकाशन, हापुड़।
2. कुमार गन्धर्व, 1982, राजकमल प्रकाशन, नयी दिल्ली।
3. साहित्य विनोद, 1992, नेशनल पब्लिशिंग हाउस, नयी दिल्ली।
4. कलाविनोद, 1982, नेशनल पब्लिशिंग हाउस, नयी दिल्ली।
5. प्रतिनिधि कविताएँ–गजानन माधव मुक्तिबोध, 1984, राजकमल प्रकाशन, नयी दिल्ली।
6. पुनर्वसु, 1989, राजकमल प्रकाशन, नयी दिल्ली।
7. निर्मल वर्मा, 1990, राजकमल प्रकाशन, नयी दिल्ली।
8. टूटी हुई बिखरी हुई–शमशेर बहादुर सिंह की कविताएँ, 1990, राधाकृष्ण प्रकाशन, नयी दिल्ली।
9. कविता का जनपद, 1993, राधाकृष्ण प्रकाशन, नयी दिल्ली।
10. जैनेन्द्र की आवाज़, 1996, पूर्वोदय प्रकाशन, नयी दिल्ली।
11. परम्परा की आधुनिकता, 1997, पूर्वोदय प्रकाशन, नयी दिल्ली।
12. शब्द और सत्य, 1997, पूर्वोदय प्रकाशन, नयी दिल्ली।
13. सन्नाटे का छन्द–अज्ञेय की कविताएँ, 1998, वाग्देवी प्रकाशन, बीकानेर।
14. स्वच्छंद, 2000, राजकमल प्रकाशन, नयी दिल्ली।

प्रस्तुति :

1. चित्र, नृत्य और कविता की संयुक्त प्रस्तुति 'रीचिंग फ़ॉर ईच अदर', सैयद हैदर रज़ा और प्रेरणा श्रीमाली के साथ, 1995, आविन्यों, फ्रांस।

सम्पादित पत्रिकाएँ :

1. समवेत, 1958-59, अनियतकालीन संकलन, सागर।
2. पहचान, 1970-74, अनियतकालीन सीरीज़, अम्बिकापुर, भोपाल।
3. पूर्वग्रह, 1974-91, फिर प्रधानसंपादन 1994 से आज तक, भोपाल।
4. बहुवचन (अंग्रेज़ी में) अनियतकालीन, 1989, भोपाल।
5. कविता एशिया (अंग्रेज़ी में) अनियतकालीन, 1990, भोपाल।
6. समास, 1992-95, अनियतकालीन, नयी दिल्ली।
7. बहुवचन, 1999 से आज तक, हिन्दी त्रैमासिक, नयी दिल्ली।
8. हिन्दी, 2000 से आज तक, अंग्रेज़ी त्रैमासिक, नयी दिल्ली।

●●●